U0467534

数字化幼儿园

"健康+"智慧幼教
整体解决方案

王颖嫣 蔡丹娜 胡 佳◎著

吉林美术出版社 | 全国百佳图书出版单位

图书在版编目（CIP）数据

数字化幼儿园："健康+"智慧幼教整体解决方案/王颖嫣，蔡丹娜，胡佳著. -- 长春:吉林美术出版社, 2022.6
ISBN 978-7-5575-6935-8

Ⅰ.①数… Ⅱ.①王… ②蔡… ③胡… Ⅲ.①数字技术 – 应用 – 学前教育 – 教学改革 – 研究 Ⅳ.①G612

中国版本图书馆CIP数据核字(2021)第242207号

SHUZIHUA YOU'ERYUAN
"JIANKANG+" ZHIHUI YOUJIAO ZHENGTI JIEJUE FANG'AN

数字化幼儿园 "健康+"智慧幼教整体解决方案

出 版 人	赵国强
作 者	王颖嫣 蔡丹娜 胡 佳 著
责任编辑	王 巍
装帧设计	国风设计
开 本	720mm×1000mm 16开
印 张	15
印 数	1—3000
字 数	220千字
版 次	2022年6月第1版
印 次	2022年6月第1次印刷

出版发行 吉林美术出版社
地　　址 长春市净月开发区福祉大路5788号
　　　　　邮编：130118
网　　址 www.jlmspress.com
印　　刷 文畅阁印刷有限公司

书　　号 ISBN 978-7-5575-6935-8
定　　价 68.00元

[推荐序]

2021年是浙江数字化改革元年。

职业使命的驱使,我会十分关注在数字海洋中生活成长的儿童及其教育,因为他们是祖国的明天,而教育引领着未来。机缘之中,我拜读了王颖嫣女士参与创作的《数字化幼儿园》,读罢,备感欣慰。

建设数字中国,建设数字浙江,教育是基础与先导。以数据的集成、分析和应用为基础,以互联网为基本媒介,以推动个性化学习为主要方式,以提升师生的数字化素养和能力为核心目标,以促进实现教育更加公平、更高质量为价值追求的数字教育成了一种新的探索。

不管是教育信息化还是教育数字化,多是在基础教育领域中率先探索,幼教紧随其后。宁波市东钱湖镇中心幼儿园王颖嫣园长对教育实现信息化、数字化深信不疑,一直前行在理论思考与实践探索中,创造性地提出了"健康+"智慧幼教的理念,通过走访各大幼儿园进行实践调研,总结出了最具代表性的问题和困惑,同时给出整体解决方案,集结成书,公开出版。不得不说,这不仅是一本著作,更是一把开启幼儿园数字化大门的"金钥匙"。

数字化教学改革是一个长期而系统的工程,推动着教育的理念、过程与方法的革新。宁波市东钱湖镇中心幼儿园在数字化幼儿园建设中提出让管理者用、教师用、孩子用、家长用的理念。从信息化2.0版到3.0版,或者干脆直接叫"走向数字化",在孩子幼小的心灵中播种下数字化的种子,使教师在课堂教学中尝试数字教育的乐趣与高效,在家园协同中体味数字沟通的便捷与精准，从而以点带面地将"健康+"智慧幼教的理念辐射出去，将数字化赋能真正融入幼儿园。

我们所处的是技术日新月异的时代，后人只有站在前人和巨人的肩膀上才能更好更快地发展。数字化教育建设，不是另起炉灶，而是在数字技术的迭代与升级中，做到政策与时俱进，勇于实践，积极探索。宁波市东钱湖镇中心幼儿园在数字化教育中发现信息壁垒、数字鸿沟，通过加强局部的顶层设计去破解这一"跨世纪命题"，运用数字化认知、数字化思维、数字化技术，从工具手段、方式流程等方面进行全方位、系统性重塑：加强园内外合作，优化幼儿教育，优化服务管理，记录孩子个性化的成长历程，提高家园共育质量，促进育人方式变革……力争办好家长满意的幼儿教育。

时不我待，形势不等人。当工业时代进入数字时代后，需要我们主动地适应时代，拥抱数字化，进行数字化教育实践。幼儿教育是全部教育的起点，只有每个从事幼教的人，都成为"行家里手"，学会数字化赋能，我们才能从容地应对未来，教育才会真正地走向信息化、数字化，实现变革，实现跨越……我想，这本书会让我们收获不一样的惊喜！

中国教育后勤协会信息化建设专委会副主任
宁波幼儿师范高等专科学校党委书记 苏泽庭
2021年10月

[自序]

数字化，为传统教育重新塑造新形态

  我们在创作本书期间，走访了全国各地很多教育理念先进、技术领先的模范幼儿园，也曾做过问卷调查，拜访了身边很多家长朋友。在我们走访的过程中，我们发现像"不能让孩子输在起跑线""幼儿园的教学就是唱唱歌、跳跳舞"这样的传统教育观念和教学方式早已深深地扎根于家长们的心里。在问卷中发现，部分家长将知识的习得放在了重要位置，却忽视了孩子的健康问题，还有的家长认为数字化教育只是一种噱头和形式，没有真正的价值。

  作为教育工作者、管理者，我们开始反思：如何在科学技术不断发展的大背景下重塑教育新模式和新形态，助力幼儿身心健康成长。

  纵观全球，当前新一轮科技革命和产业革命正在悄然兴起，互联网、大数据、人工智能等数字化技术的发展正在不断为传统教育塑造新形态，获取知识与传授知识的方式面临前所未有的全新变革。尤其是2020年，疫情席卷全球的严峻形势，对教育提出了新的考验。但机遇总是与挑战并存，在停园停课期间，很多幼儿园借助数字化的力量迎难而上，顺势而为，将先进的

1

数字技术作为支撑，有声有色地为幼儿提供除线上教学以外的"陪伴式服务""亲子互动体验"等，让颇具特色而丰富的活动在疫情中走进了千家万户，这也让我们在幼儿园数字化转型创新方面受到了新的启发，获得了新思路。

宁波市东钱湖镇中心幼儿园已有40年办园历史，自2014年以来，一直致力于幼儿食育教育研究，并多次面向全市同人举办开放活动，分享和推广课题成果，荣获浙江省、宁波市多个奖项，在本区域及宁波市幼教行业内具有了一定的影响力。经过7年的实践，本园全体幼儿和家长都具有了正确的健康观念，幼儿园也积累了一定的健康教育研究经验。我们发现，在本园"启食育之门·育健康儿童"的食育理念指引下，分园也都十分注重幼儿的健康发展，譬如仙枰分园的"生活力"研究，东湖观邸分园的"亲水文化"研究，等等，无不注重引导幼儿亲近自然，追求健康生活。

我们开始思考将数字技术应用到关乎幼儿健康生活的方方面面。我们继续调研并了解到，2019年2月，中共中央、国务院印发了《中国教育现代化2035》，中共中央办公厅、国务院办公厅印发了《加快推进教育现代化实施方案（2018—2022年）》。这两大教育文件的印发，表明中国特色社会主义进入新时代，推进教育现代化是党中央、国务院的重大战略部署。此外，中共中央、国务院还印发了《"健康中国2030"规划纲要》（以下简称"《纲要》"）。《纲要》指出，"将健康教育纳入国民教育体系，把健康教育作为所有教育阶段素质教育的重要内容"。"健康中国"将逐渐从顶层设计，走入寻常百姓家，为人民群众创造出更多的健康福祉。

学前教育是幼儿终身学习的起点，也是国民教育体系的重要组成部分，对幼儿的终身发展具有非常特殊的意义。在幼儿教育实践中，面对如何准确把握教育事业的新形势、新任务、新动态，如何全面落实教育优先发展战略，以教育现代化引领国家现代化，进行数字化幼儿园建设，已是必然趋势。目前，幼儿园的数字化转型应以数字技术为依托，在传统幼儿园的基础上建构出一个全新的未来数字空间，将计算机技术、网络通信技术融入管理和教学中，运用信息集成应用系统、新媒体等，实现环境、资源和活动的全面数字化，实施智能化的行政管理、人性化的教学方式，为家长提供便捷的沟通渠道，提高传统幼儿园的教学效率，扩展传统幼儿园的功能。

在数字化时代，进行数字化幼儿园建设是时代发展的必然，更是中国特色社会主义建设重要的战略导向。理念是行动的先导，中共中央、国务院印发的《中国教育现代化2035》提出了推进教育现代化的八大基本理念，提出"2035年主要发展目标是建成服务全民终身学习的现代教育体系、普及有质量的学前教育……"。未来的学前教育将开启数字化建设的全新时代，教育信息化技术、人工智能技术将被运用到学前教育的各个方面，幼儿园不仅是借助信息化手段解放幼儿园教师，更是在教学、管理、资源等建设方面全程实现数字化，为幼儿提供更精准、更具个性化的教育教学服务，实现学前教育的高质量均衡发展。

有了教学需求和技术支持，如今还有国家政策的支持，我们在园内成立了"健康+"智慧幼教创新协作中心，本书围绕"健康+"智慧幼教的理念与愿景，阐述了幼教管理在数字化时代的大背景下经历了怎样的变革，以及作为局中人的我们如何实现数字化转型与突破。在幼儿园的数字化建设方案中，我们构建了一个集成化、专业化、可视化的大健康教育系统，并通过数字技术和大数据技术手段，结合各类测试、智能手表等先进的技术开发软件，让幼儿能够在低生理和心理负荷下自动、连续、动态地获取生理信号，从而监测、分析、评估、反馈幼儿的情绪情感、生命体征、学习成果、社会适应能力的发展水平，为幼儿一生的健康发展奠定基础。同时，本书以点带面地将"健康+"理念辐射到幼儿园的管理数字化、教学数字化、沟通数字化、成长数字化四个方面中，惠及宁波市东钱湖片区的中小学、家庭，造福一方百姓。

东钱湖自古至今都是一个非常有灵气的地方，它接纳了其周围的众多山脉和水系，涵养并会聚了一代又一代的德才之辈。因此，在这样的青山秀水中，结合数字化的时代背景和先进技术，建设"健康+"智慧幼教创新协作中心，给东钱湖添加一股新的活力，让东钱湖镇成为美景与创新融为一体的数字化乐活小镇，不只是本书作者的愿景，更是东钱湖镇中心幼儿园全体幼师和创新协作中心工作人员的奋斗目标！

道阻且长，行则将至；行而不辍，未来可期！

王颖嫣　蔡丹娜　胡　佳

2021年9月

目录
CONTENTS

第一章
数字化让智慧幼教充满无限可能

一、信息技术给人们的生活和教育带来的改变 / 003

二、数字化时代，幼教行业的发展趋势 / 009

三、幼儿园数字化转型的最大问题是存在"数据孤岛" / 015

四、转型与突破：数字化幼儿园建设方案 / 019

第二章
构建集成化、专业化、可视化的大健康教育系统

一、心理健康：通过数据分析幼儿心理活动 / 029

　（一）基于积极心理学的儿童心理健康管理系统 / 029

　（二）案例评析 / 035

　（三）总结与反思 / 039

二、运动健康：体感运动，让快乐跳跃起来 / 040

　（一）智能化的幼儿室内游戏——体感运动 / 040

（二）案例评析：让幼儿在简单、快乐的运动中收获健康 / 047

　　（三）总结与反思 / 051

三、饮食健康：启食育之门，育健康儿童 / 053

　　（一）幼儿饮食安全的防线——营养配餐，精准饮食 / 053

　　（二）案例评析：关于幼儿食育模式的数字化实践研究 / 055

　　（三）总结与反思 / 059

四、思维健康：发现孩子思维个性化差异，因材施教 / 060

　　（一）促进孩子思维发展的编程与数学思维 / 060

　　（二）案例评析：针对孩子的不同思维开设编程课堂 / 067

　　（三）总结与反思 / 073

五、社会健康：培养孩子实现社会角色的能力 / 074

　　（一）让孩子认清自己的社会角色 / 074

　　（二）案例评析：开展社会性角色游戏活动，提高孩子的社交能力 / 079

　　（三）总结与反思 / 083

第三章

管理数字化：让决策更科学，管理更精细

一、安全管理：建构基于数据应用的信息安全保障系统 / 087

　　（一）人：幼儿的安全永远是第一位的 / 087

　　（二）车：通过车辆道闸系统对出入园所的车辆、访客进行管理 / 093

　　（三）物：视频监控摄像头全天候监管幼儿园的安全 / 097

二、保健管理：数字赋能，打开幼儿园健康管理新模式 / 103

　　（一）晨午检机，幼儿健康的"专业督导员" / 103

　　（二）智能填表，实时掌握疫情防控动态 / 108

　　（三）儿童健康测评系统，伴随孩子成长的"人生电子册" / 111

三、行政管理：消除人、财、物、事的后顾之忧 / 116
    （一）财务：审批系统让管理人员有条不紊地开展工作 / 116
    （二）后勤：物品进销存管理系统让仓管效率提升40% / 121
    （三）人事：智能人事让工作安排合理有序 / 125
四、其他管理：技术促进全园工作流程协同高效 / 131
    （一）家园互动：让家长及时掌握孩子的在园情况 / 131
    （二）文化宣传：公众号、数字屏、智能导视园牌、电子班牌的使用 / 137
    （三）环境建设：打造真实有用的师幼幸福成长环境 / 144

第四章

教学数字化：让学习更高效、更快乐

一、幼儿园试行数字化教学的变革路径 / 153
    （一）迈向教育新时代：借助数字化促进幼儿教学 / 153
    （二）重新认识幼儿园数字化教学 / 157
二、情境案例——"场景化+体验式"数字化教学实践探究 / 160
    （一）学习模式：基于AR技术、体感技术的游戏化场景教学 / 160
    （二）VR应用：让孩子进入自主沉浸式学习 / 165
    （三）直播教学：打破传统教学空间的限制 / 169
    （四）数字课堂：将iPad合理应用于幼儿园教学 / 172

第五章

沟通数字化：让家园互通零距离，实现家园共育

一、有效沟通：成长路上孩子才会更愿意与我们"合作" / 179

（一）家园沟通，没那么简单 / 179

（二）形成共育合力，让家园关系从"三角"变成"同心圆" / 181

二、数字化沟通实践：实现家园互联、家园共育 / 184

（一）微信群：家园双向互动，实现沟通"零距离" / 184

（二）数字平台：家园沟通的快车道 / 187

（三）钉钉、腾讯会议：幼儿园线上家长会 / 190

（四）其他数字化沟通方式，总有一款适合你 / 192

第六章

成长数字化：打造让师生更幸福的数字化幼儿园

一、近视防控与视力筛查："亮眼"行动从娃娃抓起 / 197

二、照明灯光：给孩子一个更适合眼睛发育的环境 / 204

三、其他智能设备：打造面向未来的数字化教育空间 / 212

四、情感机器人：对特殊幼儿的情感陪护与情绪识别 / 219

参考文献 / 225

第一章
数字化让智慧幼教充满无限可能

为推动人工智能和教育深度融合,加快教育数字化转型的脚步,我国多次在教育数字化转型方面进行了重要的战略部署。然而,从传统的幼儿园转型成为数字化幼儿园是一项巨大的工程,需要幼儿、家长、技术团队、幼儿园领导及行政管理者等多方之间进行协调与合作,这样才能迈向数字化幼儿园管理新时代。可以肯定的是,我国数字化技术的发展弥补了传统教育的不足,为幼儿教育带来了极大的改变,让智慧幼教充满无限可能。

一、信息技术给人们的生活和教育带来的改变

美国未来学家约翰·奈斯比特在《大趋势》一书中写道："我们现在大量生产信息，就像我们过去大量生产汽车一样。"信息时代的到来，不但拓展了人类的大脑思维和智力，使人类增强了改造世界和创造世界的能力，而且改变了人们的日常工作方式和生活方式，尤其是人工智能与互联网技术的发展弥补了传统教育的不足，为幼儿教育带来了极大的改变。

1. 信息技术给人们的生活带来便捷

从传统买菜现金结账到扫描二维码支付，从老式家电到智能数码家电，从排队购买火车票、飞机票到在线购票，从传统排队挂号就医到线上预约挂号就医……不知不觉地，我们的工作与生活因为信息技术的发展和数字时代的到来悄然发生了改变。

（1）吃——关于餐厅这点事

随着信息化整体水平的提升，我国的餐饮业也逐步提高了对信息化的重视程度。曾经人们可能会为去某个品牌餐厅就餐而排几个小时的队，如今手机外卖软件和无线点餐买单系统双双登场，人们可以在家进行线上点餐，享受外卖小哥快捷的上门送餐服务，享用自己想吃的美食，也可网上预订座位，到店扫码下菜

单，饭后扫码结账，省去了传统消费的烦琐流程。除此之外，很多餐厅还添置了引导机器人、镜面显示屏以及全息投影餐桌，让顾客通过手触式点餐系统轻松选择自己喜欢的菜肴，不仅减轻了餐厅工作人员的负担，同时还为顾客省去了大量的用餐时间，一举两得。

（2）住——关于居住环境这点事

信息技术也改善了人们的居住环境。当前传统的老式家电已被各种多功能智能电器所替代，智能电视、全自动洗衣机、语音可控空调等充实了人们的生活；智能多功能家居机器人能够利用人工智能和语言处理能力，自动分析使用者的实际需求，为其提供帮助，成为家庭活动的小助手；物联网技术的发展，真正实现了懒人的愿望，从牙刷到纸巾，从手表到汽车，人们在各种日常用品上嵌入一种短距离的移动收发器，通过互联网对其进行有效操控，从而感受智能家居带来的美好生活。

（3）行——关于出行这点事

近些年，信息技术在人们出行方面的应用尤为广泛。共享单车、共享汽车、滴滴打车让人们出门就可使用到交通工具。人们乘坐地铁、高铁、飞机可通过网络轻松购票，线下直接取票，或扫二维码、身份证直接进站。人们出门扫码就能乘坐公交车、出租车。这些以信息化技术为载体的交通出行方式都为人们的出行提供了极大的便利。而无人驾驶汽车、无人驾驶公交车也将逐步投入使用，未来，科技将为人们出行带来更多的便利。

（4）医——关于看病这点事

看病难、挂号难、床位一位难求等传统医疗模式带给人们的难题，通过信息医疗合作或可得到解决。各大医疗机构以互联网为载体，通过医疗公共网络平台提供多种形式的远程医疗应用服务，包括医疗信息查询、医疗健康知识查询、电子健康档案查询、疾病风险评估、在线会诊咨询等，加大了医疗数据的采集和应用效率，使人们足不出户就可解决看病的问题。未来，机器人手术和运用5G技术进行手术将有可能取代人工手术，信息技术在医疗领域的应用将实现更大的突破。

(5) 教育——关于教育这点事

信息技术使传统教育得到了新的变革。教学时，教师可运用数字化技术，通过文本、图形、图像、动画、声音等形式进行教学，加强学生的记忆力和感知力；教师还可采取视频教学、视频点播、视频会议等方式对非本地的学生进行授课，实现资源信息共享与交流。阅卷时，教师可通过数据扫描系统、OMR自动评分系统、线上阅卷系统、数据监控系统，将客观题机器自动评卷和主观题教师线上评卷相结合，从而提升评卷效率，同时还可对学生的试卷进行分数权重解析，通过内容板块分数权重和能力考查分数权重的解析进一步了解学生对知识的掌握情况。

2. 信息技术给幼教管理带来的变化

除了人们的日常生活，信息技术也给幼教行业带来了一些变化。近几年，我国相继出台了一系列推动教育行业信息化变革的政策，例如，《教育信息化2.0行动计划》《智慧校园总体框架》《中小学数字校园建设规范（试行）》。此外，我国教育部还提出实施"中国数字教育2020"行动计划，要求建设教育云资源平台，建设20000门优质网络课程及其资源，包括优质资源建设与共享、学校信息化能力建设与提升、国家教育管理信息系统建设、教育信息化可持续发展能力建设与信息化基础能力建设等五项行动，对教育进行信息化变革。

在信息技术的支持下，幼儿园进行数字化建设已是必然趋势，但幼儿园的数字化创新实践不是安装一堆监控那么简单。仔细想一下，在幼儿园管理中，你觉得哪些内容可以利用信息技术？目前，你的幼儿园使用了哪些信息技术？

为了深入研究信息技术在幼儿园数字化转型中的可行性，笔者用了几年时间做了大量调研。本书详细阐述了笔者是如何运用数字化技术打造"健康+"智慧幼教的，以及当前信息化技术在幼儿园数字化转型过程中所涉及的方方面面。概括地说，信息技术给幼教管理带来的最显著的变化主要体现在以下几个方面：

（1）教室的变化——出现智慧教室

智慧教室是现代教室与物联网、云计算机等新一代信息技术相结合转型升级后的新生产物。智慧教室就是采用人工智能、人机交互等技术呈现更加清晰的教学内容，可增强幼儿对整个教学环境的感知。简而言之，智慧教室是将平板电脑安装在教室墙上，只需另外安装接收盒子和发射器，屏幕便可呈现双画面、四画面、六画面，甚至更多画面内容，对教室的幼儿小组发布学习任务时，实现一发多收、多发多收等，不仅扩大了教室的空间，还能让幼儿更清晰地观看教学内容。

智慧教室采用物联网、互联网等通信技术让教师与幼儿的沟通交流得到了更好的优化，促进了幼儿教育个性化教学的发展。

（2）教材的变化——出现数字化教材

通俗地讲，数字化教材是一种区别于传统纸质教材的基于一系列的数字化应用，将传统的教学资源、教材等教学工具融为一体、不断升级的教材。它的最大特点是根据教学环境的变化，针对幼儿的学习效果和需求进行调整与设计，模式多元，形象生动。换言之，数字化教材就是运用数字化技术对传统纸质教材加以数字化处理，最后以数字化的形式呈现。例如，对于同一篇课文，传统纸质教材只能让幼儿通过文字和图片学习知识，而改造后的数字化教材则既能让幼儿看到文字、图片，又能让幼儿体验音频和视频的辅助教学，甚至还可以在学习中互动，这种生动、形象的交互性体验加快了幼儿对所学知识的理解进程，增强了幼儿的认知能力。

（3）教学观念的变化——幼儿成为主体

在传统教学里，教师是教学主体，幼儿是学习主体，教师与幼儿的关系仅仅表现为单方面的输入，缺乏双向互动。而将信息技术融入教育应用后，教育不再局限于幼儿园内，而是将数字网络作为传输技术的中心，延伸到课外教育、家庭教育，乃至社会教育。教师转变了教学理念，不再拘泥于只利用传统的教学资源，而是利用数字化工具，在教学时为幼儿呈现动感画面和高质量的音响效果。教师在信息化的教学过程中充当管理者、指挥者和组织者的角色，运用网络信息技术，对幼儿进行"传道、授业、解惑"；而幼儿不仅要接受传输来的知识和信息，还要积极参与课堂活动。可见，在新时代信息化教育里，幼儿已然成为整个教学的主体。

（4）教学方式的变化——出现VR、AR①与MR等技术

VR（虚拟现实）、AR（增强现实）、MR（混合现实）等数字化教育技术能够促进合作学习与互动学习发展，教师可以采用这些技术创造参与度高、内容有趣的沉浸式课程，以达到提升教学效果的目的。VR能够将幼儿从教室带入虚拟世界，也能将幼儿从虚拟世界带回教室。同时，幼儿可以在这些技术的协助下与教师、伙伴以及家人分享自己的虚拟创造。

近年来，信息技术的迅猛发展给传统教育带来了一定的冲击和挑战，但这并不意味着传统教育形式会就此"消失"，基于信息技术的数字化教育只是传统教育的有益补充，其优势值得认可并加以利用。

（1）信息化教育实现了"幼有善育"，为幼儿发展赋能

信息技术在学前教育领域的广泛应用，最终目标是为了让幼儿更健康、幸福地成长，为幼儿未来的成长、发展和终身幸福奠定基础。笔者曾有幸受邀到上海参加一场教育座谈会，上海教育部门在会上生动地展示了幼儿园的三类信息化应用场景，包括晨检、运动活动、预防近视，所呈现的震撼效果令人不禁赞叹：信息化让"幼有善育"拥有了一双"智慧"的翅膀！

会后，笔者到上海一家幼儿园实地考察，了解到该幼儿园使用智能化设备完成幼儿园每日晨检、日常健康观察、疾病评估防控、体质监测、膳食配餐、卫生消毒、近视防控等日常工作，借助信息化技术手段实时监控和掌握幼儿的睡眠、运动、情绪等健康情况，通过一系列自主研发的App为幼儿建立健康电子档案，精准分析幼儿的身体状况，确保幼儿的身体健康。为实现更有效的家园合作，该幼儿园通过信息平台与家长分享幼儿在园的实时动态，并为家长传递最新的幼儿教育资讯、科学的育儿知识，及时普及幼儿保健和防病知识，给予防病和保健的

---

① AR：一种将真实世界信息和虚拟世界信息"无缝"集成的新技术，称为增强现实技术。

指导方法和建议,真正实现家园信息互通,促进了幼儿个性化发展。

(2) 信息化促进了科学保教,推进了评价改革

科学保教是推进学前教育评价改革的主要动力之一。幼儿园的保教人员可以运用信息化技术更准确地了解幼儿的健康成长情况,根据幼儿不同的身心发展特点提供相应的教养支持。例如,教师可通过信息化工具实现无感式、自动化和伴随性的记录幼儿教育活动全过程,借助信息技术对幼儿成长发展过程进行实时评价,更精准地判断和分析幼儿的表现行为背后的原因和需求,完成全面的、综合性的评价,进而及时改进保教工作中的不足之处,让每个幼儿都能得到科学的个性化指导与帮助。

(3) 信息化促进幼儿园管理,加速幼儿园效能升级

规范有效的管理是实现高质量学前教育的必要条件。幼儿园通过开展大数据分析,能够快速准确地找到管理工作中的弊端,提升幼儿园管理的效能。

例如,某幼儿园采用加强幼儿园信息技术系统规划的方式,使幼儿园的管理更加规范化,提升了幼儿园的管理水平和管理效率。该幼儿园还通过完善信息共享机制,进行幼儿教育信息化的实践,让幼儿教育系统和应用实现统一身份认证,实现各部门数据跨区域式的转换对接,并为未来新应用、新技术的建设和发展留有足够的空间。此外,该幼儿园通过改进信息采集模式,整合幼儿园管理、保教活动资源与数据,进一步加强和保障了幼儿园的教育教学质量。

据悉,"十三五"期间,我国很多试点城市(如上海、杭州)在学前教育方面已基本实现广覆盖、保基本、有质量的战略目标,形成了完整的幼儿教育公共服务体系。展望"十四五",宁波市的幼育公共服务在区域学前教育资源的规划布局、学前教育质量的监测评价以及幼儿园的管理、保教实施、卫生保健、家园共育等领域亟待更多创新技术的投入与支持。

据笔者了解,目前在宁波,一些有基础的幼儿园乘着这股信息化建设的东风,逐步投入使用信息化技术改进保教工作,无论是保障幼儿健康成长方面,还是改变教学方式、拓展家园合作空间方面,都取得了显著的成效。笔者坚信,未来信息技术将助力更多幼儿园实现数字化转型,公办也好,民办也罢,越来越多的幼儿园都将在家园共育、家园交流、教学管理、园所管理、幼儿电子成长档案建立等方面得到数字信息化技术的全方位支持。

幼儿是整个社会中"最柔软的群体",他们需得到成年人的精心培育与呵护。幼儿的健康成长关乎幼儿未来的发展。令人欣慰的是,已经有很多幼儿园开始以信息化为基础进行数字化转型,倾力推进学前教育信息化建设与应用。而笔者更期望社会各界群策群力,通过打造更多具有引领性的数字化应用场景,真正实现信息化时代的"幼有善育"。

二、数字化时代,幼教行业的发展趋势

美国哈佛大学经济史学家、加州大学洛杉矶分校教授理查德·罗斯克兰斯曾经说:"国家之间的竞争最终是教育体系的竞争,因为生产力最强、最富裕的国家将是那些拥有最好教育和培训的国家。"那究竟什么才是最好的教育呢?在笔者看来,教育最大的进步,首先是不应脱离现实,不能和数字化时代的要求相悖;其次是教育方式进步,我们不能一味地追求数字化的形式而忽略教育的本质。

近些年,随着信息化水平的不断提升,国家越来越重视幼教行业数字化的建设,通过推行一系列政策来推进幼儿教育数字化的进程。我国幼教行业数字化发展的主要政策及分析,见表1-1。

表1-1 我国幼教行业数字化发展的主要政策及分析

发布时间	政策名称	主要内容
2012年3月13日	《教育信息化十年发展规划（2011—2020年）》	推进数字化教育应坚持以下三个方针： 第一，开发应用优质数字教育资源，构建信息化学习和教学环境，建立政府引导、多方参与、共建共享的开放合作机制； 第二，教育行业应通过优质数字教育资源共建共享、信息技术与教育全面深度融合来解决教育改革和发展的难题； 第三，基础教育需逐步缩小数字鸿沟，以促进优质教育资源共享。
2016年6月7日	《教育信息化"十三五"规划》	到2020年，基本建成"人人皆学、处处能学、时时可学"、与国家教育现代化发展目标相适应的教育信息化体系；基本实现教育信息化对学生全面发展的促进作用、对深化教育领域综合改革的支撑作用和对教育创新发展、均衡发展、优质发展的提升作用；基本形成具有国际先进水平、信息技术与教育融合创新发展的中国特色教育信息化发展路子。
2016年10月25日	《"健康中国2030"规划纲要》	纲要主要提出要把健康教育纳入国民教育体系，作为所有教育阶段素质教育的重要内容。这一规划对未来将"健康"与数字化建设相融合有促进作用，推进了数字化教育的发展。
2018年4月13日	《教育信息化2.0行动计划》	教育信息化2.0行动计划主要为数字化教育带来两方面的转变：一方面是教育资源观和思维类型观的转变，我们不能仅满足于知识资源数字化、平面资源立体化，还要强调基于互联网的更大资源观，应从传统的工具型思维转向人工智能思维；另一方面是技术素养的转变，我们既要利用信息技术，更要利用信息素养和信息技术合作。
2019年2月	《中国教育现代化2035》《加快推进教育现代化实施方案（2018—2022年）》	这两大教育文件的制定，为新时代开启教育现代化建设新征程指明方向，这是党中央和国务院推进教育现代化的重大战略部署，科学设定教育现代化目标任务，这一举措成为数字化教育发展的加速剂。
2021年组织编制中	《教育信息化中长期发展规划（2021—2035年）》《教育信息化"十四五"规划》	这两项规划明确指出，应用信息技术不但要提高学习认知水平，还要关注信息技术的发展和技术与教育的关系，以更积极的态度，通过数字化的新技术的创新应用与社会各界共同努力，推动实现教育现代化。

以上这些国家层面的学前教育政策的制定与实施，对幼教行业的发展和幼儿园的数字化转型而言，既是机遇，也是挑战。面对未来如此巨大的考验，身处幼教行业中的我们该怎么做呢？

1. 幼儿园数字化建设的形势与挑战

2020年，教育行业在疫情的影响下受到了很大的冲击，但"互联网+教育"行业崛地而起，数字化校园建设迎来了春天，学前教育改革的新时代已经来临。

在这一年里，幼教行业迅速尝试了一系列的转型举措。例如，线上课程服务、师训服务等，不仅帮助许多合伙人渡过了难关，而且使"智慧教育"逐步被认可并成为人们关注的焦点。"智慧教育"借助数字化技术为教师提供大量资源的链接，激发幼儿学习兴趣，引领幼儿思维转变，推动了教育行业快速发展，这已经成为整个教育行业的共识。

目前，"智慧教育"在幼教行业初现曙光，受此现状影响，幼儿园整体发展速度拥有了很大的提升空间，即使是在教学、管理、安全、家园关系等各个模块还处于孤岛状态的情况下，教育的数字化在学前教育领域依然具有很大的发展空间与潜力，由此可见，全面建设数字化幼儿园势在必行。

如今，所有的政策和趋势都对我们发出了一个清晰的信号，我们现在要考虑的已经不再是幼儿园数字化建设是否要做的问题，而是该怎么做的问题。数字化不应只服务于幼儿园管理，还应成为幼儿园创新教育的重要手段，成为幼儿学习的一种全新模式，以提升数字化应用的广度与深度。考虑到幼儿教育具有特殊性、幼儿教育数字化基础薄弱等因素，幼儿园数字化建设想要做好，需要经受的考验至少有三个：

（1）教育思维上的转变

俗话说："思想决定行动，行动决定习惯，习惯决定命运。"我国绝大多数幼儿园都存在思维停摆不前的现象，忽略教育理念转变会直接导致数字化幼儿园根基不牢，使其成为面子工程、形象工程。因此，做好幼儿园数字化建设的第一步，就是从思维上进行转变。而思维转变的关键在于幼儿园数字化建设的作用与价值需要得到来自幼儿园多方面的认可，无论是幼儿园教师，还是教研部门的教研人员，包括园长，都要发自内心地愿意接受幼儿园数字化转型过程中的挑战。只有思维彻底转变了，幼儿园数字化建设才能落实到具体的行动上，数字化转型才能收到良好的成果。

（2）教学方式上的转变

在传统教学模式中，幼儿园教师往往只是带领小朋友们堆积木、做游戏，或是教他们唱歌、跳舞、画画等。即使有些幼儿园已经采用数字化技术进行教学，但也仅是教师自己操作，幼儿只能看着屏幕，动手操作的机会极少。

而在数字化教学中，教师不但可以通过电子白板、教学一体机等多媒体设备为幼儿讲解安全、健康、美育、科普等各类知识，而且还可以借助物联网、人工智能等新技术，为幼儿建设符合他们学习与发展特点、满足他们探索与体验需求的智慧活动环境，让幼儿通过亲自使用数字化教具，培养更强的思维能力和动手操作能力。这些教学方式上的转变，无形之中会给园长及教师增加很大的工作压力，尤其对一些比较年长的园长和教师，他们在使用智能设备、信息化软件时会由于不熟悉而遇到很多问题，所以，教师需要时间去慢慢适应与转变。

（3）从"硬件"到"软件"的转变

目前，绝大多数幼儿园都配备教学设备和智能硬件，例如前面提到的性能优越的电子白板、教学一体机等，但是普遍缺乏与它们配套的优质教学内容。

如今，有关学前教育的相关政策都对"去小学化""游戏化教学"提出了明确的要求。正因如此，幼儿园数字化建设也应从以"硬件为核心"转型为以"内容为核心"。这意味着为了使幼儿园更好地做好数字化建设工作，教育产业当中的软件与内容研发企业要承担起为幼儿园提供更优质的软件和内容的重任。令人欣喜的是，在上海、广州、宁波、郑州等地，一些幼儿园已经开始逐步投入使用智能机器人、AR体感互动教学系统等数字化教学产品，采用互动式、体验式对幼儿进行启蒙教学。

客观地讲，幼儿园的数字化建设要通过以上三大考验，确实有很大的难度。但根据以往中小学以及高等教育数字化建设的历程和成功经验来看，我国的幼园数字化建设一定会越来越成熟，而作为其中的建设者之一，笔者也将会在这场风起云涌的浪潮中逐渐找准自己的方向，不畏险阻，奋力前行。

2. 重新定义教育——让教学与"智能"共处共创，是数字化时代对教育者的新要求

哈佛大学校长福斯特说过这样一句话："教育的目标不是把人培养成木匠，而是将木匠培养成人。"在这个数字化时代，幼教的重要目标并非只是提高幼儿的能力，因为能力体现的不过是工具化的手段，我们更应重视孩子身心的全面成长，包括幼儿的自我意识、伦理意识、价值追求。换句话说，教育应是在我们的提倡与鼓励下，让孩子们懂得自己追求什么，在日常生活中如何对待他人、社会与自然，帮助孩子们全面认识自我。

在科技更加发达的未来，人类将需要并面临更多具有挑战性和创造性的工作。关于好奇心与想象力，爱因斯坦曾多次谈起，他说，"我足以称得上是位艺术家，因为我可以自由地发挥我的想象力。想象力比知识更重要。知识是有限的，想象则环绕世界"。

未来的教育需要重新被定义，培养幼儿创造力则成为当下教育的首要任务。1983年，著名教育心理学家霍华德·加德纳[①]提出多元智力理论。智力绝不应该仅是语言文字能力与数理逻辑能力的代表，人类智力应是多元化的，这是提高创造力的基础。孩子们在学校学习的内容也应该多元开放，否则，一切数字化的应用就没有意义。

无论孩子成长的数字化环境如何改变，我们对孩子的教育都应该始终围绕培养多元开放的能力展开，具体内容如表1-2所示。

[①] 霍华德·加德纳（Howard Gardner）：世界著名教育心理学家，最为人知的成就是提出了"多元智力理论"，被誉为"多元智力理论"之父。

表1-2 未来孩子需要具备的多元开放的能力

能力	内容
语言能力	幼儿阅读文字创作和日常会话的能力。
数理逻辑能力	幼儿逻辑推理与解决数学问题的能力。
空间知觉能力	幼儿感知、处理主体和客体的位置关系的能力。
身体运动能力	幼儿通过调动整个身体来表达自己的想法,并运用双手能在一定程度上改造事物的能力。
音乐能力	幼儿唱歌、演奏以及欣赏音乐的能力。
人际能力	幼儿进行人际交往、理解他人的能力,就是"知人"的能力。
内省能力	幼儿认识自己、理解自我的能力。
自然探索的能力	幼儿对各类事物观察和辨别的能力。
"存在"的能力	幼儿对生命等现实提出问题,并由这些问题引发思考的能力。

从加德纳的多元智力理论中不难发现,幼儿的智力远不止我们平常认为的语言智力,我们不能单凭幼儿在某方面具备很高的智力,就全盘否定幼儿在其他方面的能力,孩子的智力应是多元的。因此,我们不能为了让幼儿具备某一方面的特殊能力,就忽略了幼儿在其他方面的发展,唯有将所有知识融会贯通,才能培养孩子创新的品格,为国家培养更多创新型人才。

其实,"学校"一词在古希腊文当中是"闲暇"的意思。古希腊人认为,孩子拥有了充裕的自由时光,才更能陷入深度思考中,心智才能得以更好地发展。的确,孩子们需要在轻松愉快的氛围下学习,适当地参与游戏与互动是很有必要的。教育不应只是让孩子们坐在教室里一动不动地听教师授课,还应利用互联网技术,为幼儿加入动手、实验、游戏等活跃的教学方式,让孩子们变被动为主动,对学习更有激情和兴趣,掌握更多的知识,拥有更强的独立思考能力和想象力。如今,孩子们获取知识的渠道更加多样,掌握的信息量巨大。未来,他们接受新事物、新科技的能力也要比过去未经"互联网"氛围感染的成年人更强。在进行幼儿园数字化建设之前,我们要好好想一想,如何借助数字化转型,给予孩子们更多的尊重与发展空间,而作为成人的我们又该如何迅速与AI、AR等新科技力量共创共处。孩子的成长离不开良好教育环境的滋养与孕育，优质的教学方式与教育环境更能促进孩子健康茁壮地成长。让我们共同努力，为孩子们提供更优质、更适合自由成长的新时代个性化教育！

三、幼儿园数字化转型的最大问题是存在"数据孤岛"

1. 幼儿园数字化建设路上的绊脚石：数据孤岛

在飞速发展的互联网技术和计算机信息技术的支撑下，我国数字化幼儿园建设在软件方面进步巨大，但开发和操作过程仍受到一定阻碍和限制，导致各部门之间的数据难以实现共享与交换。当部门之间在数据上不能共享互换、功能上不能关联互动时，就会产生一座座"数据孤岛"，影响信息传递的实效性、一致性和准确性。紧接着，"数据孤岛"将部门之间的业务隔离开，以致其他流程等应用系统也相互脱节。可见，数据不"通"，再怎么研发软件，校园也难以变得更加"智慧"。

"数据孤岛"现象具体表现在以下几个方面：

· 数据标准不统一，无法实现数据共享；

· 数据信息不一致，内容冗杂；

· 数据平台不同，信息集成困难。

因此，打破"数据孤岛"，采取统一的标准实现数据共享是幼儿园进行数字化建设亟待解决的问题。

2. 某市幼儿园打通"数据孤岛"，开启数字化建设

每所幼儿园遇到的实际问题不同，打破"数据孤岛"的措施也不同，下面以

某市幼儿园为例,分析数据乱象,简析打通"数据孤岛"的举措。

2020年,该幼儿园开始正式部署数字化建设,主要内容包括组建数据中心平台、统一身份认证平台、统一门户平台、信息标准建设、移动办公平台、家园服务系统、人事管理系统等,对全园师生进行统一的身份认证,为教育教学、保育工作提供数据支撑。

在众多数字化平台中,数据中心平台尤为重要,它是构成校园信息化技术的中转站,而统一的身份认证高效地解决了用户名和密码登录统一的问题,即输入一遍密码就能访问多个应用,在简化操作的同时为信息运营管理节省成本,增强系统安全性。幼儿园进行数字化建设初期,提高了幼儿园的信息化水平。与此同时,随着幼儿信息资源扩充,业务应用增多,业务系统开始"重功能轻数据",在打通"数据孤岛"前,幼儿园数据还存在一些问题,见表1-3。

表1-3 幼儿园数据存在的问题

存在的问题	原因
数据没有统一标准	各部门都习惯性按照自己的流程管理数据,没有统一的信息技术标准,无法保证数据准确一致,应用系统之间的数据缺乏沟通,无法共享与整合,产生诸多"数据孤岛"。
数据缺少统筹规划	各部门本应是有机统一的整体,但它们没有站在俯瞰全局发展的高度,都在分而治之,数据缺乏统筹规划。虽然数据众多,但师生和家长都得不到高效、直接和最优质的服务。
数据更新迟缓	目前,幼儿园存在个别业务系统闲置问题,有些部门仍旧用电子表格或纸质媒介存储数据,没有实现业务信息化,数据更新不及时。例如,家校联系平台没有及时更新新入园孩子的基本信息,或重复的名字没有及时按班级分类,造成数据遗漏、丢失或重叠。
数据责权模糊	幼儿园在进行数字化建设时采用标准化体系,但落到实处的过程中总有人未按规定录入,数据不明确,数据源头污染严重,难以实现"谁录入、谁维护、谁负责"。
数据缺乏常态治理	在建设数字化幼儿园的过程中,园所对各个管理应用系统进行单点登录,例如教育教学、保育、招生等模块,并没有制订长期跟进方案,这导致信息系统无法完美衔接,数据结构差异较大,虽然有大量的数据资源,但没有行之有效的整合或治理方案,最终数据还是难以共享。

面对上述情况，该幼儿园及时反思自省，调整思路：

数据治理的终极目标即真正做到数据共享，让数据更好地服务于幼儿园，想要达到此目的，不能仅仅依靠技术，或各部门单打独斗，而是要打破各部门各自为政的局面，各部门共同参与数据治理，这同《教育信息化2.0行动计划》提倡的"让数据多跑路"理念非常契合，如表1-4所示。

表1-4　幼儿园打破"数据孤岛"的措施

措施	具体内容
业务梳理	认真梳理幼儿园的组织结构，明确各部门的文档、流程、数据以及规范，把业务数据化，让数据更加完整、准确、规范、透明。在这个过程中，打破传统业务的束缚，找到各业务之间的衔接点，完美转型，实现跨部门重构和数据共享。
建立机制	从表面上看，治理数据是一门技术，实际上，其涉及范围很广，集幼儿园的制度、理念和管理于一体，把数据共享理念深入贯彻到幼儿园的每个人、每个部门，成为幼儿园日常建设工作的常态，更利于建立数据中心平台。
制订标准	幼儿园基于《教育信息化管理标准》，结合幼儿园教育的实际情况，制订符合园所行之有效的数据治理标准十分重要，可为日后开展各项工作提供很好的对照准则和评判依据。
数据调研	通过对财务、后勤、人事等部门数据的集中整理，汇总分析，明确数据源、维护、权责和流向等问题，绘制出清晰的幼儿园资产脉络图表。
搭建数据平台	数据平台肩负自动采集和分析数据的使命，它有一整套的数据方案、技术规范，根本目的是为那些跨部门、跨系统、跨地域共享的核心实体数据提供一个集存储、交换、共享与应用的平台。
完善应用	为了避免出现前期数据重复、信息冗杂的情况，需要对已经建立的系统实施规范化管理，提升实际应用效果，在数据共享的同时确保数据完整与安全。

最终，该幼儿园建立了一个人、财、物、事、时多维度的数据中心平台，真正实现了幼儿园跨部门标准数据互通共享。

该幼儿园从实际出发，同时结合其他幼儿园的成功方案，使数据中心平台的逻辑架构更加清晰，主要内容和逻辑架构如图1-1和表1-5所示。

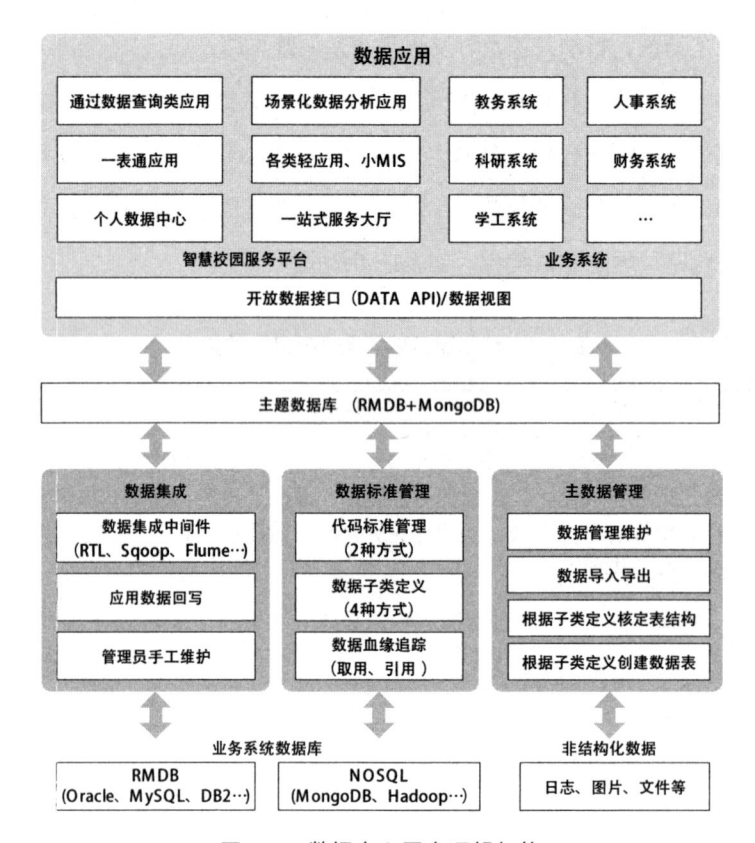

图1-1 数据中心平台逻辑架构

表1-5 幼儿园的数据中心平台的主要内容

数据分类	数据生成
主数据管理	严格把控主数据生成方式，只有通过子类数据才能创建主数据，而手工操作和代码则不能直接创建数据，最大程度地保证数据建模标准化。
数据标准管理	从源头出发，严格把控各应用系统产生的数据，按照幼儿园标准，规范化统一管理。
数据集成	有些通过第三方应用或中间平台形成的数据，其存储形式、数据格式、数据性质特点、业务系统不同，所以要按统一标准进行整理、转换，最后才能通过子类数据存入主数据库。

众所周知，搭建一个数据中心平台，建立完善的治理数据措施是一个长期且艰巨的工程，这不仅涵盖了超专业的业务流程，更涉及理念、技术和机制等诸多

要素。因此，建设数据中心平台不是一蹴而就的事情，而是一个需要持续提升质量、扩大规模的过程。相信在不久的将来，会有更多像上述案例中的幼儿园这样的"数字化建设者"创建一系列适合所有幼儿园的安全可靠、灵活多变、规范统一、开放成熟的数据中心平台，彻底打破"数据孤岛"，实现数据共享，让数字化幼儿园建设跑出"加速度"！

四、转型与突破：数字化幼儿园建设方案

为进一步证实数字化幼儿园建设的可行性，笔者在做各项调研的同时也参阅了大量的资料。笔者了解到，英国联合信息系统委员会（英文缩写JISC）教育技术慈善机构近两年始终致力于研究"如何建立一个数字化校园"。该机构调研指出，并非每一个校园的师生都深入地接触过数字化资源。要想打造良好的数字化校园，重点是对物理上的空间与地点加大投资建设。另外，还要重点培养能够将数字化相关技能传授给同事的人，使他们可以设计并讲授自身掌握的技术课程，真正成为受过良好训练并能够全面参与数字化校园建设的教职工，久而久之，就会营造出覆盖整个校园的数字化氛围。

例如，在英国兰卡斯特大学，有种叫作"dot.everything"[①]的平台被采用至今，这种方法主要是让教师可以对学生的录取、报销差旅费以及薪资管理等各方面的内容进行在线操作。当然，相比培养教职工，怎样营造符合未来学生需要的学习经历与空间才是更应被重视和思考的问题。学习环境是可以随着数字时代技术的发展而不断发生改变的。

---

① dot.everything：兰卡斯特大学的一种学生与教职工网上数字化服务平台。

基于当前的数字技术及数字化校园建设①的理念，延伸出了数字化幼儿园建设的概念，即幼儿园以数字化信息和网络为基础，利用网络技术和计算机等数字化设备对科研、教学、管理、技术服务、生活服务等园所信息进行收集、整合、存储、处理、传输和应用，使数字资源在幼儿园得到充分利用的一种虚拟教学环境。

英国联合信息系统委员会教育技术慈善机构每年都会举行"数字文化节"，来自英国开放大学的丽丝·艾利斯在一次数字文化节上强调，未来的数字化学习环境将不再只是单纯的数字化本身，而是一系列空间与数字化设备界面相结合的崭新的教学环境。总之，要想打造适合幼儿成长的数字化教学环境，就要"软硬兼施"，在各个方面进行一次升级转型。

1. 幼儿园数字化转型的机遇

我们从前文对幼教行业数字化趋势的分析可以看出，学前教育在数字化转型的过程中，将互联网、人工智能、大数据等信息技术与教育教学深度融合，使之逐渐成为高新技术产业发展的主要动力。幼儿园的数字化转型将对教育机会的增加、教师与幼儿关系的优化和教学效能的提升起到促进作用。那么，未来幼儿园数字化转型的机遇在哪里呢？

（1）数字化催生幼儿园新样态、新场景，同时也呼唤新型互动式、个性化的教育

幼儿园数字化转型是在教育模式、教育理念、教育形式以及教育形态上进行全方位的改变。传统的幼儿园教学模式主要为教师主导型，以简单的讲授式教学方式给幼儿授课。为了去除传统教学的弊端，幼儿园场景在不断发生转变，传统的幼儿园样态面临转型。不久的将来，知识、经验、技能等资源共享、共建的教育形态有望形成。

未来幼儿园的教育教学将可能出现以下三种场景：

---

① 数字化校园建设：2004年2月10日教育部发布的《2003—2007年教育振兴行动计划》明确提出了"教育信息化建设工程"，后来逐渐衍生出了数字化校园的概念。

场景一

保留现存的教学模式，在原有的场景基础上，打造新的场景。幼儿园领导层加强管控，使测试和实际教学模式高度统一。

场景二

在幼儿园场景改变的情况下，网络教学服务能够使幼儿园传统教育教学中的不足得到补充。在此种背景下，数字化技术用于为幼儿提供传统幼儿园教育教学以外的受教育机会，促进了学前教育的快速发展。

场景三

时代发展快速，幼儿园场景面临转型。在此情况下，数字技术的应用有利于幼儿园的教育教学克服形式主义、支持幼儿个性化学习，使教师与幼儿家长更关注教育成果。

在数字技术逐步被应用到幼儿园课堂实践中的同时，教师与幼儿、幼儿与幼儿之间也构建起了一种新型交流和互动方式，不断优化了教师与幼儿、幼儿与幼儿之间的关系。

（2）数字化让教学活动打破时间、空间的限制，未来的教育环境和教学资源应满足幼儿的更多学习需求

在未来幼儿教育发展过程中，幼儿园的教育环境和教学资源应满足幼儿更多的学习需求。

首先，数字化能够满足幼儿园打造个性化教学环境的需求，在幼儿参与教学活动时，打破时间、空间的限制，使利用人工智能为幼儿量身定制的"菜单式"教育成为现实。由于幼儿不具备很强的抽象思维能力，数字化教学以寓教于乐的形式，让幼儿的学习内容更通俗易懂，并让幼儿对学习产生更浓厚的兴趣。在这种情况下，幼儿时时都能学习、处处都能学习的学习形态正在形成。

其次，智慧教育产品的应用能够促进幼儿园数字化变革，它将人工智能与教育大数据融合并赋能幼儿教育的教、学、评、管、考等各个环节，让幼儿通过精准教学、智慧课堂等更加丰富的数字化功能真正实现个性化学习。当下，很多幼儿园已在教育数字化改造中取得了显著的成效。例如，笔者考察过的广州一家幼儿园通过构建一系列的设计交互式课程情景，搭建自己的电子教育材料库等方式，打造了数字化校园项目，使儿童尤其是特殊儿童的学习需要得到满足。

（3）幼儿园在数字化转型过程中应平衡好转型与教育本质的关系，要有所变有所不变

幼儿园数字化的转型不但直接改变了教与学的方式，而且借助大数据技术缓解了教育资源供给不足的问题，实现了原本难以实现的教学目标。但在数字化转型的过程中，幼儿园应该妥善平衡好教育本质与转型的关系，要"有所变，有所不变"，只有这样才能真正达成预想的效果，如表1-6所示。

表1-6 "变与不变"——关于幼儿园平衡教育本质与转型关系的几点建议

育人目标不能变	在数字技术应用的过程中，幼儿园与人工智能之间可能会出现数字鸿沟，并逐渐偏离幼儿教育的本质与初心。无论数字环境如何改变，幼儿园都要始终坚守最初的育人目标。
警惕个人隐私泄露等风险	在大数据时代，过度的信息分析或应用不当，都可能造成园所人员信息泄露。此外，每个幼儿的个性、经历都不同，如果完全单凭数字化教育和数据判定幼儿的发展方向，很可能限制了幼儿未来的自主选择权。同理，如果教师过分依赖数据，很可能导致专业技能降低、教育同质化、教学形式化。因此，改变是必然的，但要把握好尺度。
数字化转型不能一蹴而就	冰冻三尺，非一日之寒，幼儿园的数字化转型也不能一蹴而就。无论是课程资源还是教室的软硬件设备、教师的教学准备，并不是简单地与数字技术应用结合就是数字化了，我们需要一定的时间在实践中不断调整，使数字化转型从外到内、从软件到硬件都更符合幼儿成长的特征。

从上述内容可以看出，未来幼儿园在数字化转型过程中会遇到如此多的"机遇"，我们应牢牢抓住这些"机遇"，让更多人了解未来幼儿园数字化转型的趋势，引领更多的人投身于幼儿园数字化建设中来，打造更完美的数字化幼儿园。

2. 幼儿园数字化转型的建议

当前，为推动人工智能和教育的深度融合，加快教育数字化转型的脚步，我国多次对教育数字化转型做出了重要的战略部署。例如，2018年教育部印发的《教育信息化2.0行动计划》明确指出："将教育信息化作为教育系统性变革的内生变量，支撑引领教育现代化发展，推动教育理念更新、模式变革、体系重构，使我国教育信息化发展水平走在世界前列，发挥全球引领作用，为国际教育信息化发展提供中国智慧和中国方案。新时代赋予了教育新的使命，也必然带动教育信息化从1.0时代进入2.0时代。"

国家针对幼儿数字化转型的具体实施策略和内容所提出的建议，可大体概括为以下几点：

（1）幼儿教育有关部门应加强统筹规划作用，形成幼儿园数字化转型制度规范并予以保障

当幼儿园数字化转型进入重要机遇期，无论是理念、政策，还是技术、平台、人力等资源都变得越来越丰富，幼教行业在行政主管部门宏观的统筹规划下，利用各方力量、各种资源协同开发幼儿数字教育资源。除此之外，众所周知，人工智能的理论体系还不够完善，有关部门应鼓励众筹众创、分工协作，推动幼儿园不断探索数字化转型的行业规范，建立幼儿教育数字应用的风险防范机制，形成数字技术应用的行业标准，用以指导幼儿园建立数字化教育教学的制度规范，从而保障幼儿园内部的个人信息安全、利益与合法权益。

（2）加强各部门协同联动和融合，构建与落实幼儿园数字化转型行动方案

幼儿数字化教育转型需要得到多方的支持。《教育信息化2.0行动计划》指出，一是建议教育部、科技部、工业和信息化部等相关部委构建协同联动机制，制订与落实可行的幼儿园数字化转型行动方案；二是建议成立数字化教育领导小组，明确幼儿园数字化转型的第一责任人与相关责任人，并在此基础上设立数字化基础教育专项工作组，指导具体实施步骤，这样的举措不仅能够推进幼儿园数字化教育教学，也能探索数字化的教育服务模式和教育治理模式；三是构建并强化科技公司的创新主体作用,创新数字化产品与教育融合的方式,释放数字化产品与教育融合的效能,打通幼儿园和企业在合作观念、制度和政策上的阻滞,推动幼儿园数字化教育的改革和发展。

(3) 打造现代数字化多场景应用,构筑"人工智能+教育"新生态幼儿园

加快数字化幼儿园建设,概括地说,幼儿园可以打造数字化多场景应用,利用互联网技术,构建"人工智能+教育"新生态,在以人工智能、互联网、云计算和物联网技术等现代信息技术为支撑的情况下,加大软硬件建设的投入,统筹园所内外资源,建立一体智能化的教学管理和服务平台,让幼儿园的管理与服务更精细化、个性化,使幼儿园整体治理水平得以提升;建立人工智能教学平台,创新教学与课程内容,例如建立具备学生学习、教师备课与课堂管理等功能的数字化教学平台,幼儿和教师能够通过不同端口同时使用,教师可实时掌握幼儿个体的学习情况,了解幼儿的学习进展,让幼儿根据自身的学习进程、能力、兴趣等特点,直观感受与体验所学知识,使所学知识掌握得更牢固。

(4) 开展教师数字化教学培训,提升教师智慧教学的能力

贝尔纳·斯蒂格勒(Bernard Stiegler)[①]认为,人类弥补先天缺陷的主要方式就是不断地进行发明创造。可见,寻求技术的支持对于人类不断完善自身性能有多么重要的作用。然而,由于教师在知识获取、信息处理等方面处于劣势,因此需要依靠技术手段来提高自身的数字化教学能力,如定期开展数字化教学培训,提高教师数字技术的应用能力。教师应转变惯有的教学理念,积极主动地接受数字化教学培训,认真学习数字化教学方式,为幼儿营造精准、灵活、高效的教学情境,引导幼儿挖掘、探索问题的意义与价值。

3. 幼儿园数字化转型的实践探索——"健康+"智慧幼教创新协作中心:打造健康+智慧幼教系统

从一个传统的幼儿园转型成为运作顺畅的数字化幼儿园是一项巨大的工程。这需要我们的研发团队、全体教师及有关部门多方进行协调与合作。在东钱湖

---

① 贝尔纳·斯蒂格勒(Bernard Stiegler):法国当代技术哲学家、蓬皮杜中心文化发展部主任。

区域幼儿园数字化建设的战略布局中,最重要的一次转型就是创立了"健康+"智慧幼教创新协作中心,我们正在全力打造"健康+"智慧幼教系统,迈向数字化幼儿园管理新时代。

(1) 从硬件设施上,要帮助幼儿园打造幸福的师生成长环境

东钱湖镇中心幼儿园的"健康+"智慧幼教创新协同中心系统,在硬件设施上主要是通过技术手段帮助教师从事务性工作回归到教育教学工作,进而拥有更多精力关注学生的个性化成长。例如,安装证件访客机可轻松识别访客,提高幼儿园日常保安工作效率;安装视频监控摄像头,家长和教师可全天候监控孩子的安全;安装幼儿晨午检智能机,将考勤与晨检结合,大大提高了保健医生的工作效率。另外,东钱湖镇中心幼儿园数字化转型还会通过共创与共享,将优秀教育者的思想和管理理念注入幼儿园数字化建设方案,补充幼儿园日常管理与教学的不足,推动幼儿园数字化建设,为幼儿打造幸福的成长环境。

(2) 从软件设施上,要帮助幼儿园教师打造个性化的管理工具

东钱湖镇中心幼儿园的"健康+"智慧幼教创新协同中心系统,在软件实施上主要是通过ISV定制服务商帮助幼儿园整合管理工具,使幼教管理变得更专业,信息传递也更方便、快捷,实现教务、教学、家园共用一个管理软件的高效管理系统。与此同时,"健康+"智慧幼教创新协同中心系统还根据幼儿园不同场景的使用需求,通过个性化定制开发,帮助幼儿园量身打造专属的个性化的特色工具,这种个性化的特色工具在其他幼儿园的教育教学中少之又少。

如图1-2所示,东钱湖镇中心幼儿园将通过建设"健康+"智慧幼教创新协同中心系统针对3~6岁幼儿制订有关身体、心理、智力、社会、饮食健康的指标,设定每个学期幼儿预期达到的目标,并进行跟踪监测,有针对性地进行教育指导,也让家长对孩子的发展有明确的认识,促进更紧密的家园合作。宁波智慧教育(阿里中心)将负责该幼儿园软件的开发与技术指导,预期将开发生命指标监测软件、心理状况评估软件、学习成效评价软件和家园联系优化软件。

在未来激烈的竞争中,学前教育应更关注幼儿的身体素质、人格、思维等方面的成长问题,并敢于接受一切挑战,而不再仅仅是解决教学方法存在的问题。

笔者及其团队正在为创建一所具有"数字魔法"的高品质幼儿园而坚持不懈地努力着。未来，我们将坚守儿童本位的初心，继续扩大视野、学习新理念、掌握新技术，带领孩子们在数字化的世界里自由翱翔，让孩子们的成长如呼吸般自然！

当然，数字化幼儿园不是一日就能够建成的。成功的花儿之所以能够绽放得如此艳丽，只是因为芽儿在最初之时将奋斗浸透在了土壤里。

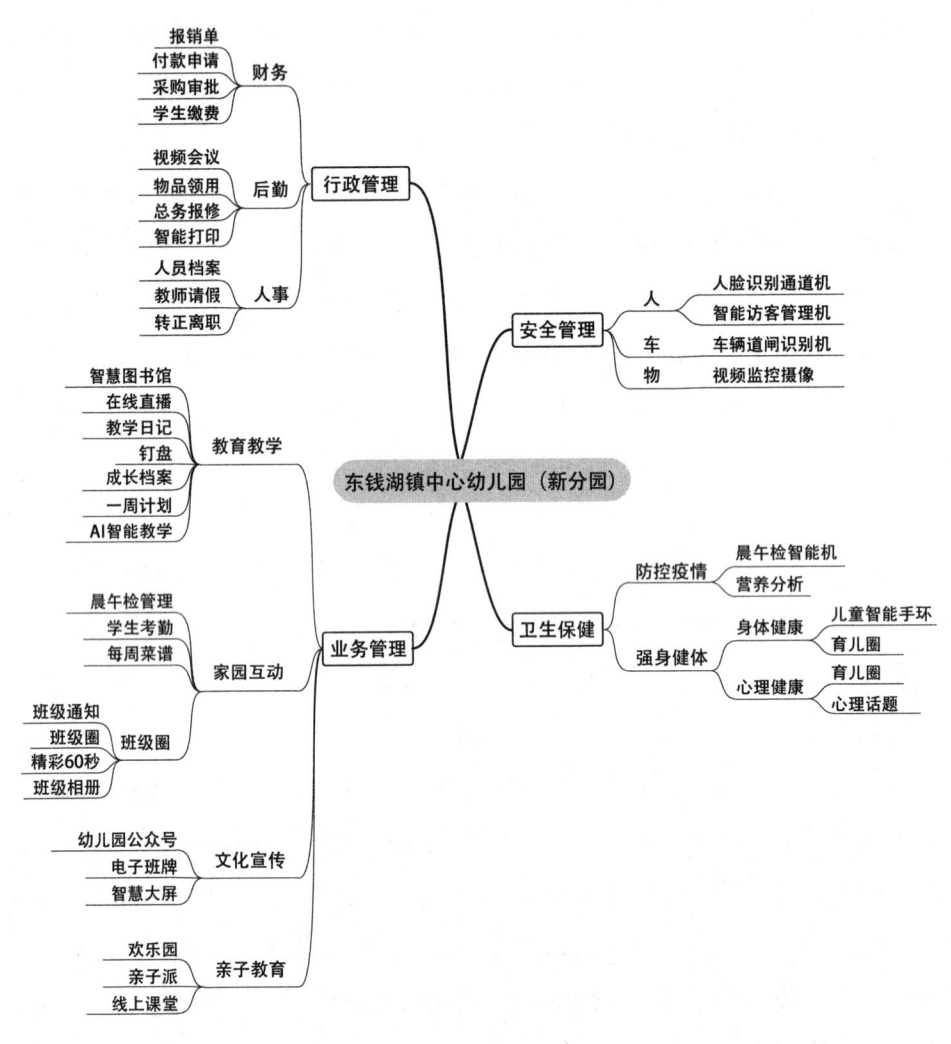

图1-2 东钱湖镇中心幼儿园的数字化校园软硬件建设方案概览

第二章
构建集成化、专业化、可视化的大健康教育系统

通过建设"健康+"智慧幼教创新协同中心，创建软件开发平台、数据分析平台、家园互通平台，为家长提供集成化、专业化、可视化的大健康教育内容。将教育数据进行多向循环交汇，形成生成、反馈、分析、沉淀的闭环，形成可行性"健康+"实施方案，向全市推广"健康+"智慧幼教创新模式，形成大健康教育品牌。例如，通过智慧计划软件的应用，为我们提供幼儿一日身体健康状况方面的专业的数据分析与评价，将晨检、考勤、就医、既往病史等内容生成一套符合幼儿园需要的全方位健康服务模式。

一、心理健康：通过数据分析幼儿心理活动

（一）基于积极心理学的儿童心理健康管理系统

1. 幼儿心理健康教育普遍存在的问题

幼儿时期是一个人人格形成的关键时期，如果我们把教育幼儿比喻成灌溉一棵树苗，那么幼儿的性格、意志、健全的人格、内心的情感就是这棵树的根，根基牢固了，未来才有可能长成参天大树。因此，我们不能因为幼儿年龄尚小就忽视对幼儿的心理教育。良好的心理教育能让幼儿拥有更强大的自尊、自信、自强等意识及面对挫折时强大的心理承受能力，与人相处时互相帮助的协作能力。在这样的锻炼和教育中，更利于幼儿健全人格的形成，提升幼儿未来的社会适应性。

然而，在现实中我们对幼儿的心理教育重视程度还远远不够，并在心理健康教育上存在一定的问题。

（1）不了解、不重视幼儿心理健康

《3~6岁儿童学习与发展指南》明确提出，幼儿"情绪安定愉快"应成为幼儿身心健康发展的一个重要目标。然而，很多幼儿园往往更加关注幼儿的身高、

体重、血色素三大指标的变化，以此来作为衡量幼儿健康状况的依据，忽略了幼儿日常的一些心理上的异常表现，将其视为成长中的自然现象而不管。

（2）保教人员未经过专业化系统培训

目前，关于幼儿心理健康的知识比较分散和零乱，一般情况下都是从其他知识中体现出来的，这些知识之间并没有内在的联系，也缺乏统一性的概念，导致幼儿园负责保教的教师不能掌握系统性的幼儿心理健康知识。加之大多数幼儿园保教人员没有经过专业性的系统培训，因此对幼儿心理健康知识了解甚少，无法及时疏导幼儿的异常情绪。

（3）只关注幼儿所受教育的成果，不考虑家庭教育、社会环境因素的影响

在幼儿园里，教师们更加关注幼儿是否吃好、睡好、玩好、学好，却没有考虑幼儿因为某些事而发生的心理情绪变化。在家庭中，大多数家长尽量满足幼儿的要求，无微不至地关心幼儿。但有时家长对幼儿的期待过高，幼儿在享受物质生活的同时承受了很大的心理压力。实际上，错误的教养态度、不良的生活环境和复杂多变的人际关系都会对幼儿的行为和心理产生巨大的影响。

那么，真正心理健康的孩子是什么样呢？对此，每个人的看法不尽相同。笔者认为，一个孩子如果能符合以下几个条件，那么基本称得上是真正心理健康的孩子。

（1）拥有好奇心

心理健康的幼儿喜欢随时观察周围的环境，并且时不时地会做出一些积极探索的行为动作，如看、听、嗅、尝、摸。在我们成人眼中，这些行为动作可能会被视为"多手多脚""爱管闲事"，其实是他们对这个世界充满好奇心的一种心理健康行为的表现。他们可能会对一些小动物好奇，也会对一些玩具好奇，还会对一些食物好奇，但这些都不足为奇，这是一个心理健康的幼儿应该做的事。

（2）喜欢与人亲近

心理健康的幼儿非常喜欢与人亲近。人类是群居动物，心理健康的孩子更喜欢参与集体活动，不喜欢独自一个人待在某个地方，喜欢与家人亲近，与伙伴们亲近。当家人逗他们时，他们会大声欢笑，并会依偎在家人的怀抱里，让家庭氛围更融洽。当伙伴与他们聊天、玩耍时，他们喜欢分享自己的玩具，喜欢与伙伴在一起的感觉。这些都是心理健康的幼儿的一种正常行为表现。

（3）喜欢表达情感

心理健康的幼儿不会压抑自己的情绪，而是直接流露自己的情感。幼儿会通过自己的感受来表达喜、怒、哀、乐的情绪，看见喜爱的东西会笑，因为某些小事不开心会发脾气，不小心跌倒弄痛了会哭，当然并不会长久地大哭。他们的烦躁、开心、厌恶等情绪都会在脸上显露出来。这种表现说明幼儿心理健康，而心理出现问题的孩子通常会面无表情。

（4）容易随着别人的情绪变化而改变心情

心理健康的幼儿会感他人之感，产生共鸣的情感。当看到爸妈笑时，他们会跟着微笑。当看见爸妈闹矛盾不开心时，他们也有可能会受到影响，会情绪低落。因此，我们常说家庭和谐是幼儿心理健康的纽带。令人不可思议的是，他们还有可能在看到其他小伙伴哭时，也跟着掉眼泪，非常容易受到身边人的情绪变化的感染。

（5）充满自信

心理健康的幼儿往往会充满自信，无论遇到什么事都想往前冲，并努力去完成这件事。他们喜欢与伙伴们共同上台表演唱歌、舞蹈，愿意积极参加幼儿园的运动大赛，为集体争得荣誉。看似"爱表现"的行为，恰恰证明了幼儿的心理健康。

（6）接受身边事物的变化

心理健康的幼儿往往会适应周边环境的变化，不会执着于一件事不放。例如，父母陪伴不了他们画画，自己画也行；这个小伙伴今天有事来不了幼儿园，和另外一个小伙伴玩也可以；今天早餐没有肉，吃蔬菜也行。带给幼儿足够安全感的不是一如既往的生活习惯和固定环境，而是与父母的亲密关系。和谐的家庭让幼儿能够灵活地适应不同的变化。

（7）行为表现与年龄、所处文化相符

孩子在幼儿期不断成长发育，心理健康的幼儿在社会适应能力、运动协调能力、语言和智力发育上一定是正常的，应符合同年龄幼儿的成长发展的特点。另外，心理健康的幼儿在行为上也会受社会、文化因素的影响并接受其制约，不会做出攻击他人、恐吓他人的行为。

当然，心理健康的幼儿并非仅仅具备以上几个方面的特点，我们总结的健康标准也许还不够具体，有些家长可能还是不能准确地判断幼儿心理是否健康。在这样的背景下，其实我们需要转换思路，更需要相关科研机构设计发明出一款能够实时检测幼儿心理健康的AI智能设备，帮助家长准确了解幼儿的心理变化情况。

2. AI智能手表助力幼儿心理健康及个性化发展

如今，计算机技术飞速发展，人工智能已广泛应用于人们的生产生活中。人工智能图像识别功能的应用提升了各个行业的效率，一个数字化的世界正在形成。人工智能除了在我们熟知的社会领域发挥着重要的作用，更在小众却必不可少的领域拥有巨大的优势和潜力，例如幼儿心理的监测和诊断。

梁启超在《少年中国说》中讲道："少年智则国智，少年富则国富，少年强则国强，少年独立则国独立，少年自由则国自由，少年进步则国进步，少年胜于欧洲，则国胜于欧洲，少年雄于地球，则国雄于地球。"幼儿的成长发展对于家庭、社会都至关重要，其心理健康则是其中非常关键的一项。

幼儿常常很单纯，喜欢将所有的情绪都表露在外，但同时也容易隐藏一些小情绪，也会有小小的心理负担。如果我们未能及时发现这些不良的心理情绪，其就会影响幼儿的心理健康，这对幼儿今后的成长发育很不利。

那么，我们如何才能随时随地了解幼儿的生理变化呢？一款拥有生理监测功能的AI智能手表就能帮助我们解决这个问题。

如今市场上已经出现了很多款式的智能手表，绝大多数是以监测人体健康状况为主的，监测心率、血压、运动等数据，却缺少可以监测心理健康的智能手表。有人可能会有疑惑，一只简单的智能手表真的就能监测心理健康吗？没错，目前已经有公司（如国外的Aura）研发推出了能够监测心理健康的智能手表。

此类能够监测心理健康的智能手表，主要利用了生物识别传感器来检测压力，包括幼儿的愤怒、悲伤和快乐情绪。手表的外形设计看起来和普通手表没什么区别，也很时尚。家长要想知道孩子的心理变化情况，可以根据手表显示屏上的年轮纹路来判断。手表显示屏的设计类似墨水屏，显示屏上的纹路会随着幼儿心理状态的改变显示出相应的变化。换句话说，那些类似于年轮的纹路就是幼儿每天情绪变化或者心理压力变化的直观体现，不同样式弧度的变化体现的是幼儿不同的心理状态。家长可以通过这些纹路变化随时了解幼儿当下的心理状态，并对其进行相应的记录形成完整的数据链，便于以后追踪和分析幼儿以往情绪不稳定的原因，尽早找到解决这些问题的方法，让幼儿保持良好的心理状态。（图2-1）

图2-1 Aura智能手表官方概念图

当然，影响幼儿心理健康的因素有很多。当完成一个橡皮泥作品或用积木搭成一座城堡时，幼儿就会感到很开心；当与小伙伴发生冲突时，幼儿就会感到很悲伤；当家长不能参加亲子运动会时，幼儿就会感到很遗憾，这些心理变化都会转变成智能手表纹路的波动并展现出来，提醒家长和教师要注意及时进行开导，并适当给幼儿做一些心理健康辅导。

除了通过监测心理健康的智能手表，我们也别忘了通过分享良好的园所文化、开设心理健康教育活动等方式，培养幼儿从小具备良好的心理素质，并始终保持乐观向上的心理状态，让幼儿在一个健康、轻松、快乐的氛围中长大成人。

(1) 创设良好的园所文化氛围

幼儿从一个和谐、愉快、熟悉的家庭氛围中走到一个相对陌生的幼儿园环境，需要足够的时间进行心理调节，才能适应幼儿园生活。幼儿在适应幼儿园生活的过程中难免感到害怕和忐忑，如果幼儿园的文化氛围能够让幼儿感到欢快、轻松，这会大大舒缓幼儿的紧张情绪，促使幼儿快速适应新环境。

(2) 建立师幼良好的人际关系

教师每日都与幼儿在一起，教师的言行举止都可能影响幼儿的情绪。因此，教师首先要保证自己情绪的稳定和良好的心理状态，其次还要和其他教师保持友好、愉快的合作关系，让幼儿从中接受良好的情绪熏陶，萌发团结友爱的情怀。

(3) 教师要经过专业培训，以身示范

教师是幼儿心理健康教育的引导者，因此教师应拥有系统性的幼儿心理健康知识。幼儿园可邀请专业人员从幼儿心理健康的内容、理论、方法和指导意义等方面对教师开展相关培训，鼓励教师发挥示范作用，提高心理素质，用健康的人格和状态影响幼儿。

(4) 开展幼儿心理健康教育

幼儿心理健康教育活动应与幼儿一日常规生活紧密融合，促进幼儿心理健康的发展。在活动中，教师可以通过游戏的方式提升心理教育课的教学效果。如从各个维度培养幼儿在生活模拟场景中的自理、团结协作能力，培养幼儿在自由活动时和同伴的交往能力，提高幼儿遇到突发紧急情况的社会适应能力。除此之外，幼儿园应每周开展一次心理健康教育教学活动，把心理健康教育内容融入教学活动中，增强教学活动的趣味性，而不是将所有对幼儿情绪的监测完全寄托于数字化的设备。

总之，促进幼儿的心理健康发展，维护幼儿的心理健康水平，提升幼儿整体的心理素质，不但需要创设良好的物质、人文环境，还需要维持良好的人际交往；不但需要加强心理健康教育活动的开展，还要借助数字化心理健康检测设备；不但需要幼儿园的重视，还需要家庭、社会的共同参与和关注，唯有多方齐心努力，才能取得良好的教育效果。

（二）案例评析

1. 通过智能手环识别孩子的情绪

无论男孩还是女孩，玩具永远是他们爱不释手的宝贝，也是家长"对付"他们的一个有效"利器"。但事实上，并不是所有的玩具都能入得了孩子的"法眼"。孩子选择什么样的玩具，能反映出孩子的性格特点，这与孩子的性格发展息息相关。目前，通过智能手表、手环监测人体健康数据，了解人体的健康状况已经成为可能。那么，在数字化的未来，我们通过安有芯片的玩具，再配以智能手环，能否更利于了解孩子的个性、发现孩子的情绪、抚慰孩子的心灵呢？这要从情绪识别说起。

作为心理学研究领域的核心内容之一，情绪识别在人机交互中的作用不容小觑。如果计算机可以精准感知人类情绪，人机交互便会更高效和智能。研究发现，人的步态可以体现情绪的变化，而内置加速计的智能手表/手环，其设计原理就是采集使用者走路的步态加速度数据，以此为基础利用加速度数据识别人类的情绪。这大大降低了情绪识别的难度，让情绪识别更加方便快捷。

案例1　来自中国科学院心理研究所的研究

为了提高以智能手环使用者行走时产生的加速度数据预测情绪变化的准确率，中国科学院心理研究所对此展开深入的探索。他们记录的加速度数据和使用者正常行走与跑步时的数据有着明显的区别。

该研究项目一共招募了156名参与者作为调查研究的对象。先利用高兴或者愤怒的视频诱发参与者改变情绪，再按照规定的路线自然行走3～5分钟，然后观察智能手环，快速记录参与者在不同情绪下手腕和脚踝处的加速度数据。研究人员从所记录的加速度数据中提取了123个特征，包括频率、时频和时域等，借助"决策树""随机树""随机森林"和支持"向量机（SVM）"建立情绪分类预测模型，结合十折交叉验证模型，得出研究结果。

研究结果表明，以加速度数据为基础建立的情绪识别模型测量效果很好，尤其是SVM模型，相比其他模型，情绪识别的准确率更高。根据所测量的数据，SVM模型在中性和愤怒、中性和高兴、高兴和愤怒等两类情绪识别的测量中准确率都非常高。由此可见，运用步态行为加速度数据预测使用者情绪的方法具有可行性。

此研究通过使用者佩戴可穿戴设备，运用预测模型分析使用者的步态加速度数据，能够实时精准地预测使用者的情绪变化，可实现监测特殊场合下使用者的情绪。

2. 当人工智能照进心理健康：有一种手环会"读心"

2017年，世界机器人大会在北京召开，前来参展的是来自全球的众多知名机器人企业和研究机构。笔者有幸和团队前去参观，在大会上亮相的会"读心"的手环让人眼前一亮，给人留下的印象深刻。它能够轻松测出使用者心情是平静的还是焦虑的，并根据使用者的情绪状态为其自动推送不同类型的音乐，让围观的人无一不叹为观止。

读人心的手环，主要是借助生物信号分析技术，结合心率变异性最新研究成果，对采集的使用者心理数据进行判断、分析，计算出使用者情绪的变化情况。与此同时，将使用者情绪指数采用人工智能算法自动匹配情绪调节音乐，帮助使用者缓解不良情绪，释放压力，实现集评估与干预一体化的流程体验。

当然，不只是"读心"手环，还有很多科技公司也推出了涵盖心理测评、认知训练、生理数据采集分析、心理干预训练等测量心理健康的云平台，利用可穿戴设备、大数据、人工智能等科技手段，能够很好地预测使用者的心理健康状况。

对于幼儿来说，这种心理测量平台相比传统心理健康系统具有更多的优势。它不仅采用权威经典的心理量表，拥有更全面、更完整的测评体系，还利用可穿戴设备采集幼儿的生理数据，并对其进行分析，在云端更新心理数据的动态，从而得出多维、精准的幼儿心理健康测评报告，且提供具有针对性、可行性的干预方案，帮助家长实时了解幼儿的心理变化，及时改善与调节幼儿的不良情绪。此外，该类心理测量平台还拥有多种多样的认知测评方式和训练游戏，让幼儿在有趣的游戏中提升自己的注意力、记忆力等认知能力。

例如，某科技公司采用自主研发的可穿戴手环、头戴设备，已经帮助家长实时采集幼儿的生理数据，实现更好地监测幼儿每时每刻的心理状态，确保幼儿在成长发育中始终保持健康的心理，该公司的负责人表示未来将会在可穿戴心理设备领域持续发力。

案例2　日本某厂商研发的玩具手环

孩子对这个世界上所有的玩具都充满好奇心，而当他看到喜欢的玩具并吵着要买时，这是让大多数家长非常头疼的事。日本一家致力于研发和生产可穿戴设备的厂商M公司推出了一款玩具手环（简称M手环），这款玩具手环可以作为玩具"以一当十"供孩子玩耍。孩子佩戴它，与App匹配后，拿起任何一样东西模仿行为动作，会让玩具手环发出不同物品的模拟声效。

M手环采用一个感应装置，没有固定的表盘，表带是没有锁扣的啪啪圈，幼儿佩戴起来非常方便。在与手机连接后，M手环将感应到的人体手部动作与手机App匹配后，手机便播放相应的声音，整个手环系统的运行依靠一块可更换的电池。

M手环的设计者在设计这款手环时，主要是发挥幼儿的想象力，通过虚拟声效把家里各种各样的物件变成一件件"新玩具"。比如，幼儿拿着木棍当剑使，手环需要通过蓝牙连接到手机App上，在感应到幼儿手部的动作之后，给App发送指令，手机便会发出武侠剧中用剑的声音；拿桌子当电子琴，手机便会播放电子琴的声效……这种全新的游戏体验大大提升了幼儿的想象力和动作协调能力。

人工智能等技术的发展正在引领整个幼教行业发生改变，从幼儿的生理问题到心理问题，数字化人工智能设备将逐渐取代传统的人体健康识别系统，成为一种新的情绪识别手段。

3. 智能手环在特殊儿童教育领域的应用实践

一位名叫Matthew Goodwin的行为科学家研发出了一款新型手腕可穿戴设备，这款设备可以在自闭症患者可能会产生攻击性行为的失控情绪爆发前，提前一分钟进行预测，对于这种情况，研究人员将其称为"侵略性爆发"。

案例3　美国东北大学开发的智能手环

美国东北大学的Matthew Goodwin研发的手腕可穿戴设备，与智能手环十分相似，它可以实时监测自闭症患者的体温、心率等生理指标，并根据其生理指标判断自闭症患者当前的心理状态，提前60秒预测患者有没有可能爆发失控情绪。有21名自闭症患儿参与了该研究的测试，在佩戴此设备之后，经过87小时的监测，结果显示，这款可穿戴设备预测的准确率高达84%。

接下来Matthew Goodwin想要招募更多的试验者，他表示，在参与者测试数据不断增加的情况下，提高机器学习模型的训练强度，以达到更精准地测试自闭症患者的行为表现和情绪变化的目的。未来，提前预测的时间有可能超过60秒。

这项研究为很多自闭症患儿的家长点燃了希望的曙光。在一些有自闭症患儿的家庭里，家长往往不敢带着患儿出门，生怕患儿会突然情绪失控做出不可控的事情，但如果常年把患儿关在家里，只会加重患儿的病情。很多自闭症患儿的家长表示，即使这款设备预测的准确率只有65%，也比不可预测、完全不可控强得多，这说明他们对这款可穿戴设备是非常认可的。

案例4　谷歌眼镜对自闭症患儿的干预治疗

谷歌眼镜是谷歌公司研发的一款"拓展现实"眼镜，目前被很多人作为幼儿自闭症的干预治疗工具。斯坦福研究小组在医学期刊《美国医学会儿科学》（*JAMA Pediatrics*）上发表的一篇研究论文称，谷歌眼镜这样的可穿戴设备对自闭症患儿的干预治疗，比传统的医疗效果更加显著。

《纽约时报》的一篇文章报道了关于参与测试的71名自闭症患儿接受谷歌眼镜干预治疗的效果。患儿们在戴上谷歌眼镜后,当看到家人表现出高兴、悲伤、惊喜或愤怒等情绪时,谷歌眼镜会给患儿提示相应的表情符号,能够教会他们更好地识别和理解他人的情绪。

众所周知,自闭症患者由于缺乏识别和理解他人情绪的能力,因此常常表现为与他人交流非常困难。对于参与测试的自闭症患儿的家长而言,虽然目前还不能完全肯定谷歌眼镜对提升患儿的情绪理解能力有帮助,但已经有十多名患儿家长表示孩子在与人眼神交流上有了非常大的改善。这种可穿戴设备虽然还需要不断升级、改进,但它所展现出来的对自闭症患儿干预治疗的显著效果与无限潜力,却是很多自闭症患儿家庭的一线希望。

其实,每个孩子都是普通而又特别的,拥有各自不同的优势与弱势。我们不仅要用心慢慢走进孩子的内心世界,更要借助科技的力量学会读懂孩子的性格特征和情绪变化,更好地对孩子进行引导和规划,这样才会对孩子的心理健康发育有帮助。

(三)总结与反思

事实上,存在心理问题的不只是幼儿,很多成年人也存在不同的心理问题,而这些心理问题常常是在不经意中形成的。人们如果可以实时监控自己情绪的变化,就可以大大降低抑郁症等心理疾病的发病率。

郑州大学的学生们就研究发明了这样一款智能情绪检测手环,旨在帮助存在心理问题或心理疾病的人们改善心理健康状况。手环由主机和两个指套构成,主机是一块外观类似手表的液晶显示器,能够检测到人的运动步数、心率变化等数据。与主机相连的是两个指套,由于人的皮肤自带微弱电流,皮肤电流在受到情绪波动的刺激后会发生变化,而这两个指套具有检测人体的皮肤电流的作用,在液晶显示屏上可实时呈现皮肤电流监测数据的变化情况。同时,主机会把收集到的运动数据、心率数据以及皮肤电流监测数据通过蓝牙一并传输到手机上。

手机上的App在收到数据后会立刻做出详细的分析，最终的分析结果是通过数字来反映使用者的情绪特点。例如，当手机上显示数据1100时，这表明使用者的情绪不高，已经处于疲劳状态，系统就会马上提醒使用者赶快休息，否则可能会影响健康。另外，手机App还会对使用者每天的情绪数据进行归纳与汇总，最后以折线统计图的形式呈现每个星期的情绪变化情况。

配套的手机App除了能够监测人们的情绪变化外，还能通过其内置的语音数据库对使用者的声音进行识别与分析，并以对话形式予以安慰，缓解使用者愤怒、焦虑、悲伤等不良的情绪。例如，使用者对手机话筒说"我很难过""我心情很不好"等类似话语时，在话框中就可看到"别难过""抱一下"等疏解人心的话，这有效地改善了使用者的不良情绪。

智能情绪检测手环的出现，是对当前市场上心理监测设备在设计、生产方面存在的空白的一个补充。未来，我们如果能够在市场上看到这些手环的身影，幼儿的心理健康问题将得到缓解。

二、运动健康：体感运动，让快乐跳跃起来

（一）智能化的幼儿室内游戏——体感运动

近年来，我国科技的快速发展不但让社会经济发生了巨大的变化，也给教育发展带来了更大的机遇与挑战。我国在移动互联网、云计算、大数据、体感交互技术等领域都取得了重大的突破。当前，我国正处于万物互联的"互联网+"时代，幼儿教育行业如何在这一轮技术变革浪潮的洗礼中转型升级，是一个值得教育工作者深入探讨和研究的重要课题。其实，体感交互技术便是幼儿教育行业转

型实践研究过程中最主要的问题之一。

1. 体感交互技术在幼儿体感运动中的应用探索

体感交互技术，即人们可通过语言、肢体动作等方式与现代信息化设备进行互动的一种新型自然交互技术。这种技术主要强调运用各种创造性的表达方式来实现与计算机等智能设备的互动，不需要学习一些特殊的操作技巧，从而帮助人们摆脱了学习键盘、鼠标等烦琐操作技能的困扰，将更多注意力投入任务本身。

简单来说，体感互动就是通过信息化智能设备对站在屏幕前的使用者做出感应变化，屏幕所显示的画面可随着使用者身体动作、眼球转动、语言的变化而发生改变，与此同时，观看者还可通过互联网与他人分享图片、影音信息等。在摄像定位应用中，体感互动系统可利用3D体感摄影机所发射的红外线对房间内整体的环境进行定位，摄像头能够借助红外线对人体的各种动作进行准确的识别。例如，在展览展示中，体感互动系统的运用不但提升了展厅的人气和趣味性，而且还能提升观众的互动性与参与感。

可以说，体感交互技术是继键盘、鼠标和多点触摸人机交互方式之后的"第三次人机交互革命"，它的出现对人机交互技术发展具有里程碑式的意义。

以Kinect[①]为例，在体感交互技术发展过程中，Kinect的出现具有非常重要的意义，它曾被美国科技博客网站Business Insider评选为"21世纪10款最重要的电子产品"之一。

Kinect是微软公司开发的一款主要由深度传感器、彩色摄像头、麦克风等构成的姿态传感输入设备。它的功能包括人体动作识别、人体动作捕捉、麦克风输入、语音辨识等，能够快速识别使用者的面部表情、身体动作等，帮助人们实现从依托传统设备的输入操作转变成身体直接自然操控终端的目的。

Kinect采用一种最自然、最自由的方式，让用户与装置和环境产生交互，摆脱了硬件设备的束缚，进一步使用户获得满满的参与感。基于Kinect体感交互技

---

① Kinect：美国微软公司于2010年11月4日推出的XBOX360游戏机体感周边外设的正式名称，起初名为Natal，意味初生。

术的教育产品则是一种与现实世界相似的虚拟情境式教学设备，让学习者能够身临其境，做到寓教于乐、寓学于乐。

2008年，比尔·盖茨在美国举行的国际消费电子展上提出了自然用户界面的概念。他预言，在未来几年里，人机交互将有更大的发展，触摸式、视觉型以及语音控制等技术将取代键盘和鼠标。与此同时，包括生物识别传感器、皮肤显示器等在内的"有机用户界面"也会悄然兴起，实现计算机与人脑的无缝对接。在比尔·盖茨提出自然用户界面概念后的几年里，有无数的人机交互新技术横空出世。例如，虚拟现实、多点触摸、体感识别、追影技术、语音识别等，从二维空间向三维空间进行转换，从接触式向非接触式进行转变。体感交互则成为这些新型人机交互技术中最先进的科研项目之一。

目前，体感交互技术已被广泛运用于各大领域，所涉猎领域包括游戏操控、多种虚拟应用（如体感换装）、虚拟绘画、虚拟生活、虚拟乐器、康复训练等。

近年来，体感交互技术在以下行业得到了广泛的应用，见表2-1。

表2-1 体感交互技术所涉及的行业

行业	应用
医疗	在手术室等无菌环境中，可通过体感代替触屏的方式，查看病人CT图及资料，达到更高的无菌化标准； 在浏览医用资料方面，通过非直接触碰方式减少细菌传播； 在康复治疗方面，通过编排一些体感游戏代替传统枯燥的机械，帮助病人进行肢体康复训练。
服装	客户可通过零售店里的"试衣魔镜"感受到未来科技带来的虚拟试衣体验。
动画娱乐业	将体感互动应用于体感游戏中，玩家可在虚拟的三维场景中手握专用游戏手柄，通过变换自己的身体动作来操控游戏人物的动作，感受三维立体场景的真实互动体验。
幼儿教育	在教学培训、智力开发和动态的教学中，学校将数字化教育内容升级为体感互动的形式，让幼儿记忆知识更深刻，更能充分地"释放天性"，进而增强他们的自信和勇气，提高表达力。

续表

行业	应用
其他	在购物中心与现场营销中，商家将体感互动融入液晶拼接屏中，配合一些好玩的互动游戏，可大大提高人气和品牌影响度； 在展馆与展厅（企业、房地产等）中，展方通过体感与大屏幕投影互动的方式，使展示效果更震撼，是向客户介绍公司、推介产品、展示创新的最佳途径。

近年来，个别地区还利用体感交互技术帮助老年人训练肢体协调的能力，甚至还有研究人员利用体感技术展开了自闭症的相关研究，运用体感交互技术对幼儿行为、语言进行收集与跟踪；还有研究人员运用体感交互技术采集人们持续性的肢体动作和姿势改变情况，以测试其注意力水平。

可见，体感交互技术已渗透各行各业的体感互动应用中，尤其是在教育领域，体感交互技术的运用已成为备受瞩目的课题。

2. 充分释放幼儿天性的体感运动教育

现阶段，体感运动教育还没有统一的定义，我们尝试将其界定为：在教育过程中，以体验式学习理论、情境化学习理论和具身认知理论为基础，运用体感交互技术以及其他数字化技术、3D技术和AR（增强现实）技术等进行教学的方式。在幼儿教育中，体感教育通常是指幼儿通过挥手、伸展、奔跑、跳跃等各种身体动作与三维场景中的人和物进行互动，进而控制三维场景中人和物的动作行为，实现将学习、体验、探索、运动和游戏融为一体的立体情景化、交互化的教学方式。这种寓教于乐的运动方式能够充分释放幼儿的天性。

对幼儿教育而言，体感运动教育的最大优势是将幼儿在现实生活中不能切身体验的海底探索、火灾逃生等内容，采用接近真实生活的三维场景呈现给幼儿，让幼儿置身其中，感受模拟真实世界带来的全新体验。

体感交互技术通过幼儿的直观体验，为幼儿提供深度沉浸式的学习以及角色扮演式学习等，弥补幼儿在真实情境中无法获得的学习体验。因此，体感教育虽然才出现短短几年，却已经引起了全社会的广泛关注。基于体感交互技术的体感运动教育有三个特点：

（1）交互性

体感运动教育具有交互性，三维虚拟场景支持实时的人机互动，也支持游戏时多人进行互动，包括亲子互动、教师与幼儿之间的互动、幼儿与幼儿之间的互动。

（2）沉浸性

在体感运动教育中，幼儿能通过体感交互技术与伙伴们增进感情，打破彼此之间的隔阂，被"嵌入"游戏场景中，调动所有的感官系统和注意力，采用角色扮演的模式，完全沉浸到游戏化学习活动中，进入心理学家米哈里·齐克森米哈里所说的"心流"①状态，"身临其境"地获得前所未有的真实体验。

（3）娱乐性

游戏是体感运动教育的主要方式，它具有较强的娱乐性和趣味性，能够吸引幼儿全身心地投入其中，充分激发幼儿对学习对象的兴趣，提高幼儿在学习过程中的注意力。

中华人民共和国教育部2012年10月9日印发了《3～6岁儿童学习与发展指南》，其中明确指出，在游戏和日常生活中，幼儿应以直接经验为基础进行学习，体感运动教育可以帮助幼儿拓展体验和操作的范围。对于成人而言，应对幼儿的学习方式和特点持有理解的态度，珍视游戏和生活的独特价值，尽力为幼儿创造丰富多彩的教学环境，以支持和满足幼儿对直接感知、亲身体验、独自操作的迫切需求。

然而，在现实生活中，幼儿可以直接感知、体验的对象非常有限，特别是对航空航天、海底世界、天文现象、远古时代等无法直接感知。体感教育则可以为幼儿创造出接近现实生活的虚拟场景，既能让幼儿穿上宇航服遨游宇宙太空，也能让幼儿潜入海洋深处探索神奇的海底世界。这种冲破时间与空间限制的沉浸式学习体验模式，满足了幼儿强烈的好奇心，激发幼儿勇于探索与冒险的精神。

---

① 心流：英语Mental flow，在心理学中是指一种人们在专注进行某行为时所表现的心理状态。

自2020年疫情发生以来，我们可从各大新闻媒体的报道中得知，各行各业在工作安排上都发生了明显的变化，幼儿园也不例外，其日常工作主要变化体现在三个方面：一是严格规范园所和师幼的卫生安全，防疫防控工作认真严谨；二是关注儿童身体健康，增加了健身运动的时间和内容；三是注重游戏化学习，让孩子在游戏中体验学习的乐趣。

因此，幼儿园应增加幼儿日常的体育运动时间和内容，这有利于提高幼儿自身的身体素质和免疫力。开展游戏化教学也是非常有必要的，特别是开展体感游戏化教学对幼儿及幼儿园都有许多好处，具体表现为：

（1）让幼儿更喜欢并愿意上幼儿园

在疫情的影响下，有些孩子由于宅家太久，对父母产生了强烈的依赖心理，对幼儿园产生了陌生感和距离感，因此不想去幼儿园。体感游戏化教学能够满足孩子喜欢游戏的心理需求，孩子可以与小伙伴们愉快地畅玩体感游戏，开心地互动，拉进与小伙伴的距离，对上幼儿园这件事也不再抗拒。

（2）体感运动教育是协助幼儿开展运动、锻炼身体的有效途径

体感运动教育相比电脑游戏、手机游戏来说，与运动存在更高的关联度，在教学活动中融入运动，帮助幼儿强健体魄。美国田纳西大学的一项研究显示，体感游戏将成为幼儿锻炼身体的最佳方式。该项目的研究专家表示，户外活动常常缺乏科学性的指导，相比之下，体感游戏的锻炼强度更强，锻炼效果更好。

美国心脏协会也曾对购买体感游戏设备的2000多名玩家进行了深入的调查，参与调查的大多数玩家表示，平时不但可以边玩体感游戏边运动，还增加了日常骑行、慢跑、打羽毛球等户外活动项目，甚至改变了自己懒惰的思想，想要增加更多的体力活动。这项调查结果表明，体感游戏既可以让玩家通过游戏的方式进行运动，还能帮助玩家在无形中改变非游戏时间的运动习惯。

疫情的发生改变了家长对幼儿期望的认知。从前，家长们希望孩子在幼儿园中学到关于美术、音乐等各方面的知识；而现在，家长们最大的心愿是孩子能在幼儿园中健康、快乐地成长。在体感游戏化教学课程中，孩子可以通过跳动、奔跑、爬行等各种身体动作进行游戏互动，提高了孩子的身体素质和自身的免疫力,为孩子的健康增添一层保护伞。

(3) 体感教育让幼儿的科学教育真正"活"起来

提到科学教育,很多幼儿教师可能会感到很头疼,主要原因在于缺乏科学教育资源、掌握的科学知识不够以及没有受过专业的课程培训。所以,大多数幼儿园科学教育活动的开展存在一定的困难和阻碍,很多科学活动室无论装修、装饰再怎么华丽,都成了闲置的摆设。引入体感交互设备后,幼儿教师则可在此基础上开展各种科学教育活动,例如,幼儿可以用肢体的各种动作操控狮子在非洲大草原上狂奔捕猎,也可以直观地体验火灾、洪水等自然灾害所带来的恐怖感和危害性。体感交互设备的运用让幼儿园科学教育活动室不再空置,而是得到了更好的利用。

此外,受疫情的影响,很多幼儿园停业太久,一些幼儿教师被迫辞职转行。重新开学后,对于未辞职的教师来说,工作压力明显有所增加。体感游戏化教学能够帮助教师有效地缓解工作压力,它主要是以孩子为中心,并让其进行自主体验与学习,教师只要负责组织和在旁监护,适时给予正确的鼓励与指导,就可以轻松完成教学。

(4) 体感运动教育利于幼儿园有效开展安全教育活动

传统的幼儿安全教育方式仅停留在书面或说教的教学层面,幼儿并不能真正理解并应用到实际生活中。引入体感交互设备以后,教师可为幼儿设置特定的安全情境,让幼儿在逼真的三维场景中进行体验和实践,仿佛置身其中,无意中形成危机感,提高安全意识。例如,"地震自救"体感课程可以让幼儿懂得地震来临时怎样进行自救;"火灾逃生"课程能让幼儿知道着火时第一时间正确的应对方法。

(5) 体感运动教育提升了家长对幼儿园的满意度

当今的幼儿家长成长于互联网时代,他们拥有超前的思想,非常赞同和认可数字化、游戏化的教学模式。体感游戏化教学,可以让家长看到创新科技为孩子学习和成长带来的无限乐趣,激发孩子的学习潜能,从这个角度而言,它也提升了家长对幼儿园的信任感和满意度。

总而言之，让孩子们适应幼儿园的生活，是一个漫长的过程。我们要做的，就是和家长、教师、社会各界一起努力，为孩子打造一个绿色、安全、趣味的成长环境，让孩子健康、愉快地成长！

（二）案例评析：让幼儿在简单、快乐的运动中收获健康

1973年，诺贝尔物理学奖获得者江崎玲于奈[1]曾经说过这样一段话："一个人在幼年时通过接触大自然，萌生出最初的、天真的探究兴趣和欲望，这是非常重要的科学启蒙教育，是通往产生一代科学巨匠的路，理应无比珍视、精心培育、不断激励和呵护。"

幼儿往往对未知的世界充满了强烈的好奇心，尤其是一些心中非常向往的领域，例如，神秘的海底世界、浩瀚的宇宙、广阔的草原、神秘的金字塔等。然而在现实生活中却很难获得这些真实的体验。3～6岁的幼儿具有天真烂漫、想象力丰富的特点，幼儿园应该尽全力为孩子打造多玩、多体验的环境，让孩子在玩的过程中寻找学习的兴趣，拥有兴趣以后，孩子便不再需要父母们操心，而会主动地进行学习。

卡耐基梅隆大学人机交互研究所[2]曾有一项研究表明，将游戏和真实物理元素进行有机结合可以提升幼儿的学习能力，激发无限的学习潜能。研究人员发现，让孩子借助Kinect（体感摄像头）来完成搭建积木的游戏是一种更高效的学习方式，这比传统的移动平台游戏效果更好。基于体感交互技术的体感运动同样是这个设计原理，这种游戏化学习方式打破了时间和空间的限制，让孩子在生动、逼真的沉浸式情境游戏中学习，对于培养孩子的探索精神很有帮助。

据此，某幼儿园针对适合幼儿的体感运动做了内容设计（见表2-2），在此仅做例证供大家参考。

---

[1] 江崎玲于奈：（Leo Esaki，1925—），因发现半导体中的隧道效应，获得1973年度诺贝尔物理学奖。

[2] 卡耐基梅隆大学人机交互研究所：业内公认的全美最强的人机交互研究所。

表2-2 体感运动内容设计

体感运动游戏名称	针对幼儿运动侧重目标
平衡木	主要培养幼儿的平衡能力。
悬空吊	主要培养幼儿的上肢及腰腹肌肉力量,进而判断幼儿的肌肉发育情况。
趣味投球	主要培养幼儿的手眼协调能力,进而判断幼儿的反应能力。
音乐台阶	主要培养幼儿的躯干和四肢的柔韧性,促进骨骼和经络健康生长。
脚踏旋转轮	主要培养幼儿的下肢力量,使幼儿腿部肌肉更发达。
弹跳触摸角	主要培养幼儿的协调性和耐力,对幼儿今后在做事时拥有韧性、忍耐性起到很大的帮助。

在具体的活动过程中,所有参与活动的幼儿都配有一个手环和一个健康档案,通过参与游戏活动实时向网络云平台进行数据传输,自动生成数据库,家长可通过查看网络平台的视频记录了解孩子参与游戏的情况,教师可通过后台数据对幼儿的行为能力进行及时分析,科学、准确地发现幼儿的进步和不足。

当然,体感运动不止上述几种,在具体实践中,我们应根据不同幼儿的特征及幼儿在不同成长阶段的兴趣点来进行活动设计。通过体感运动,将幼儿在运动过程中的数据进行信息化处理,更好地分析幼儿的运动状况和兴趣所在,让幼儿在快乐的运动中收获更多健康。此外,通过体感教学活动,家长和教师也受益良多。下面,我们来逐一分析探讨。

案例1　体感运动让幼儿快乐运动,收获健康

对孩子们而言,每周一次的体感互动游戏是大家最盼望的。圆圆想约上自己的好伙伴莉莉共同参与这项活动,"莉莉,快点儿,快点儿,今天又是我们班体感活动室的游戏运动时间,我要去体感室玩了,你去不去呀?"莉莉听后马上和圆圆一起去了体感活动室。"莉莉,我以前一点儿也不会走这个平衡木,现在我居然敢走了,你帮我听着(游戏时,设备能够自动读秒),我想知道这次我是用多长时间走完的。"圆圆对莉莉说着。于是,莉莉开始帮圆圆听着平衡木的数秒时间。可见,游戏中的互动源于孩子本身,在得到锻炼和快乐的同时,还能加深孩子们的友情。

平衡木虽然看似简单，但事实上并非如此。幼儿首先需要刷卡，在语音播放完后10秒之内站上平衡木，当踩下起始开关时，计时开始，快速走过平衡木后踩下结束开关，计时结束。同时，数据被上传到电脑客户端，后台自动生成幼儿的健康档案。在此项游戏中，幼儿可通过多次锻炼提高自己的平衡能力。在该幼儿园引进体感活动室游戏一年后，圆圆逐渐爱上了这里的每一项运动。孩子们在游戏的过程中乐此不疲，教师们总能看到他们快乐游戏的身影；在游戏的同时，孩子们各方面的能力也得到了提高。可见，体感运动利于孩子健康、快乐成长。

将幼儿在游戏中的数据实时上传到网络数据平台，后台数据库可对幼儿同一活动项目的记录进行及时对比，每个月取一次成绩数据，每月在同一项目测试中有多次成绩的，取其平均成绩，见表2-3。

表2-3　幼儿平衡木项目体感运动数据记录

幼儿平衡木项目体感运动数据记录												
姓名	性别	2020年						2021年				
^	^	6月	7月	8月	9月	10月	11与	12月	1月	2月	3月	4月	5月
圆圆	女	27秒	26秒	26秒	25秒	24秒	23秒	23秒	22秒	21秒	20秒	19秒	18秒
莉莉	女	26秒	26秒	25秒	24秒	23秒	22秒	22秒	21秒	20秒	19秒	18秒	18秒
明明	男	26秒	25秒	25秒	24秒	23秒	23秒	22秒	21秒	20秒	19秒	19秒	18秒
江江	男	27秒	27秒	26秒	25秒	24秒	23秒	22秒	21秒	20秒	19秒	18秒	18秒

以圆圆在平衡木这项游戏中的成绩来进行分析，我们可以看出，在开始时，圆圆走完一次平衡木的平均游戏时间为26~27秒；一年以后，圆圆在平衡木这项相同的游戏活动中的单次游戏时间缩短到18秒，可以看出圆圆在平衡木这项活动中的进步是非常明显的，说明她的平衡能力有了很大的提升，也达到了游戏设置的目的。这也说明了5~6岁的幼儿能在斜坡、荡桥和有一定间隔物体上较平稳地行走，而通过这样的体感运动使幼儿具备了更高的平衡能力。

教师每周在幼儿的日常游戏中增加1~2次的体感活动，经过一系列有效地运动之后，通过对某幼儿在一年中某一月的出勤率进行分析，发现幼儿的出勤率有了很大的提高，这证明该幼儿的体质在锻炼中得到了显著的提升。身体好了，疾病少了，心情舒畅了，幼儿自然更愿意上幼儿园。

案例2　体感运动让家长与幼儿方便快捷地高效互动

"咦？我们小宇在一天中参与了两次投篮游戏啊，但为什么第一次的分数是38，而第二次的分数就是45了呢？这多出的7分是怎么得到的呢？"小宇的妈妈在观看视频时，对孩子两次投篮总数存在的差异产生了兴趣，她通过多次回放视频，记录了孩子的投篮个数并计算出了命中率。小宇放学回家后，妈妈陪同他再次观看了视频。"小宇，快看，你这个投篮动作很棒，你要记得在投篮时手腕这里要用力，这样才能提升命中率。"小宇通过观看视频，加之与妈妈的深入探讨，对篮球动作有了进一步的理解。这次探讨激发了小宇对篮球运动热情，让小宇在之后的体感活动室的篮球运动中取得了更好的成绩。

在该幼儿园体感活动室每一个运动项目器材的前方，都安装了一个高清摄像头，当幼儿刷卡之后，手中的智能手环可将游戏数据上传到云平台，家长能够在电脑中观看孩子在体感运动中的游戏视频，对孩子的游戏情况有个具体的了解，以便帮助家长解除担忧和顾虑，提升了家长对幼儿园的满意度。

案例3　体感运动让教师第一时间掌握科学数据并有效改进教学课程

以下是教师对幼儿运动情况的评分标准，见表2-4。

表2-4　体感运动的评分标准（以弹跳触摸角为例）

幼儿年龄	5分	4分	3分	2分	1分
3~4岁	>25分	20~24分	15~19分	6~14分	<5分
4~5岁	>32分	27~31分	22~26分	11~21分	<12分
5~6岁	>37分	32~36分	27~31分	18~26分	<17分

在传统的运动锻炼和比赛练习中，教师往往需要通过纸笔对幼儿锻炼的情况进行记录，然后对幼儿锻炼的多个数据进行对比分析，进而了解幼儿的运动能力和健康情况。在此过程中，教师不但要照顾幼儿，而且要记录幼儿游戏成绩，还要比对、计算，这给教师增加了非常大的负担。基于数字化技术的体感运动则解决了这一难题，幼儿的运动数据上传以后，教师可参照《3~6岁儿童学习与发展指南》和《幼儿体能测试标准》进行评判，评分标准采用5分制，5分为优秀，4分为良好，3分为及格，2分为中下，1分为差。除此之外，教师还可参照《体感项目数据模型及成绩换算标准》与表格对照后进行清晰的评判。其主要优势体现为：

（1）幼儿活动数据分析更科学

幼儿的活动数据被上传到云平台以后，既可以记录班级、幼儿不同的游戏情况，又能够合理、有效地统计本班幼儿的总体参与情况，让教师清晰明了本班幼儿在各个项目的参与情况，不再需要向幼儿园管理层上报数据。幼儿园管理层则可在后台直接查阅幼儿活动统计结果，清晰的条形统计图，简单的数据说明，分析结果一目了然，以便今后对幼儿更有针对性地开展活动，使幼儿各方面的运动能力得到更协调的发展。

（2）幼儿活动数据改进更及时

教师通过对幼儿活动数据科学有效地分析，了解每个幼儿的不足与特长，对幼儿体感游戏活动进行改进和指导。

孩子从小到大的健康成长涉及身心的方方面面，而运动是其中的重要一环。恰到好处的体感运动设计可以更有针对性地建立幼儿的"运动处方"，教师可以定期将幼儿的运动数据汇集成成长信息，制成幼儿成长健康档案并反馈给家长。最重要的是，这在促进了家园共育的同时，也让幼儿在简单、快乐的运动中收获了健康，何乐而不为！

（三）总结与反思

毋庸置疑，体感交互技术和其他创新技术一样，在应用于幼儿教育的过程中也面临着诸多质疑与挑战，例如近几年才出现的人工情感[①]。但如果一种新生事物或新技术能为我们所用，展现出真实性、高效性的特点，我们就应该辩证地去看待它。同样，对基于体感交互技术的体感运动教育也是如此。

近年来，体感交互技术除应用于幼儿教育之外，还在高职教育、基础教育、特殊教育等诸多领域得到了广泛地运用。然而，体感交互技术尚处于应用的起始阶段，存在动作输入卡顿、错误识别、联网延迟等诸多尚未解决的问题，这些都会使人机互动不够流畅，进而影响人们的体验效果，例如现有的体感交互设备普遍缺少触觉体验反馈，缺少对个体生理变化的监测与反馈，直接导致了家长和教师不能实时监控幼儿生理上的变化，无法了解幼儿的健康状况。另外，体感教学活动的设计，特别是在如何将教育、游戏和运动进行有机结合等方面也面临实际困难与挑战。怎样让幼儿在应用体感交互设备进行游戏时完成更多的复杂动作，怎样满足多个幼儿在同一时间进行操作的需求，等，都是我们在未来的教学设计中应该探索和解决的问题。

总之，体感交互技术以及体感教育还是刚出炉的新生事物，它的最终目的是丰富和拓展幼儿的实践体验，而不是彻底取代幼儿在真实生活场景中的操作与体验。我们坚信，体感交互技术将在未来的竞争中迸发出新的活力，而体感运动教育也会拥有更广阔的发展前景。

[①] 人工情感：指用人工的方法和技术，模仿、延伸和扩展人的情感，使机器具有识别、理解和表达情感的能力，例如，人工智能技术、情感机器人等。

三、饮食健康：启食育之门，育健康儿童

（一）幼儿饮食安全的防线——营养配餐，精准饮食

"食育"一词，最早是由日本的一位养生学家石塚左玄在其著作《食物养生法》中提出来的。石冢左玄在书中说："体育智育才育即是食育。"他认为，食育是体育、智育、才育、食育四大教育中最基本的一项教育，通过食育，人们可以养成良好的饮食习惯。

食育，即一种关于饮食活动的教育，人们可以通过食物、饮食相关教育的过程获得正确的饮食知识和经验，进而形成良好的饮食习惯，并具备保持健康生活的能力。

1. 幼儿园展开食育的必要性

幼儿期是儿童生长发育的重要时期，也是形成良好的生活习惯的关键时期。良好的饮食习惯、愉快的情绪、强健的体魄是幼儿身心健康成长的前提。然而，随着人们生活水平的提高，现代家庭的饮食结构虽得到了改善，但出于对幼儿的宠爱，家长一味地满足幼儿的口味，导致幼儿在饮食上出现了较为严重的挑食偏食、吃零食等现象。在对全园"幼儿饮食习惯"家庭问卷调查中发现：幼儿喜欢进餐的为50%，独自进餐的仅占42%，偏食挑食的占到72%。幼儿在进餐中表现出的严重挑食偏食、边吃边玩等不良进餐习惯，长此以往会造成幼儿营养不良、肥胖，甚至引发疾病，影响其健康成长。

如今，很多国家非常重视幼儿的食育，尤其是在日本、英国等国家，"食育"已悄然推广，成为幼儿教育中不可或缺的一部分。

在中国，有一大部分幼儿具有不良的饮食习惯。例如，有些幼儿喜欢边吃边

玩，有些幼儿喜欢挑食，有些幼儿爱吃零食，等等。这些不良的饮食习惯直接影响了幼儿的营养吸收和正常发育，对幼儿的身体健康是非常不利的。在一些报道中也曾指出，中国很多幼儿与美国许多幼儿一样，也存在由于爱吃快餐而导致肥胖的问题。要想纠正幼儿这些不良的饮食习惯，就需要对幼儿开展系统化的食育活动，培养幼儿学会正确的饮食方式，让幼儿从小就养成良好的饮食习惯，从而提高自身的免疫力和身体素质。

在这个网络和信息技术快速发展的时代，幼儿也能够借助互联网以及智能设备轻松获取自己想要了解的信息，五花八门的快餐广告让幼儿难抵诱惑，吸引着幼儿的注意力。带幼儿逛街时，大街小巷都贴满了饮食信息广告，各种各样的零食占据了超市的半边天，这些都无形中吸引着幼儿的注意力。可见，幼儿随时随地受到许多不良饮食广告信息的影响，于是便会央求家长去购买，如果达不到目的就会用哭闹的方式反抗，引发家长与幼儿发生矛盾。所以，为了帮助幼儿抵抗这些不健康饮食信息的诱惑，对幼儿进行食育是非常有必要的，让幼儿真正学会如何选择健康的食物，明白什么是健康饮食。

可以说，食育是教育的根本，在"德智体美劳"素质教育中，食育是对幼儿脑力与体力具有深刻影响的基础教育。食育可以帮助幼儿形成健康的体质，实现丰富的人生目标。

2. 幼儿园展开食育活动的策略

近五年来，东钱湖镇中心幼儿园一直深入探讨和研究关于"食育"的课题，并把"食育"渗透到五大领域中，促使幼儿得到全方面的发展。

在开展食育活动的过程中，东钱湖镇中心幼儿园将"食育"融入课程、游戏、生活中，通过符合其年龄段特点的各种数字化实践活动，激发幼儿积极主动构建与"食"相关的知识，形成正确选择"食"的能力，并从中获得启示，养成良好的饮食习惯。

此外，东钱湖镇中心幼儿园还采取了一些更有针对性的策略对幼儿进行饮食习惯的教育。例如，聘请专业的营养师，合理运用就餐时间展开相关实践活动等,同时还结合数字技术,让幼儿"精准饮食"。

在现实生活中,我们常常可以看到很多病人在就诊时会习惯性地向医生提出一些与饮食相关的问题,比如"我今天能吃什么?""我体质这么弱能吃什么?""我高血压不能吃什么?""我血糖偏高如何调整饮食?""我吃什么能控制自己的体重?"等问题,这主要还是因为患者对精准饮食的基本知识不够了解,如果"知己知彼",那么病情将会有很大的好转。

中医常常提倡饮食养生,药食同源,幼儿的健康饮食也很重要,将食育教育与数字技术相结合,让幼儿精准饮食,这对于食育教育发展和幼儿成长发育有着非常大的意义。

在"食育"课题的研究过程中,我们常常会在一些幼儿园、小学、中学为学生开展宣讲健康饮食的公益活动。通过孩子们的体表征象和脉诊情况,我们发现很多孩子由于摄入鸡蛋、牛奶过量而导致蛋白质摄入过多,出现积食、积热等健康问题,其中还有一部分孩子在食物不耐受的检查中被提示鸡蛋、牛奶不耐受,这些问题的出现足以证明合理饮食的重要性。合理饮食能在很大程度上降低孩子患便秘、肥胖、精神不集中、血脂高、腺样体肥大等疾病的发病率。

对于每个家庭来说,没有什么比孩子的健康更重要,从饮食着手将孩子身体调理得更健康,家庭才能更幸福。现代生活无处不充满着数字化的气息,健康又岂不是如此?因此,幼儿园可以将数字技术运用到幼儿的日常饮食食谱中,借助大数据和数字化手段,更有针对性地在精准营养、合理膳食和健康管理等方面为幼儿提供合理化建议,让数字技术成为幼儿健康的守护者!

(二)案例评析:关于幼儿食育模式的数字化实践研究

从2014年起,东钱湖镇中心幼儿园开启了关于幼儿的食育研究之路,与家庭和社会联手,三方共同合作寻找与开发幼儿食育的项目、路径和方法,经过不断地探索,研究出一套完整性、系统性、操作性都非常强的"三元三动"食育模式。

"三元交互·三性发展"幼儿食育模式的实践研究,以家庭、幼儿园、社会作为幼儿实践食育的场所，以"饮食习性、行为品性、情感归属性"这"三性"为食育目标，探究以活动为载体，以幼儿为主体，采用适宜幼儿践行食育的"三元三动"运行方式，形成幼儿食育"三自"就餐形式，建立评价幼儿"三性"成效的"三维"数字化评价体系。（见图2-2）

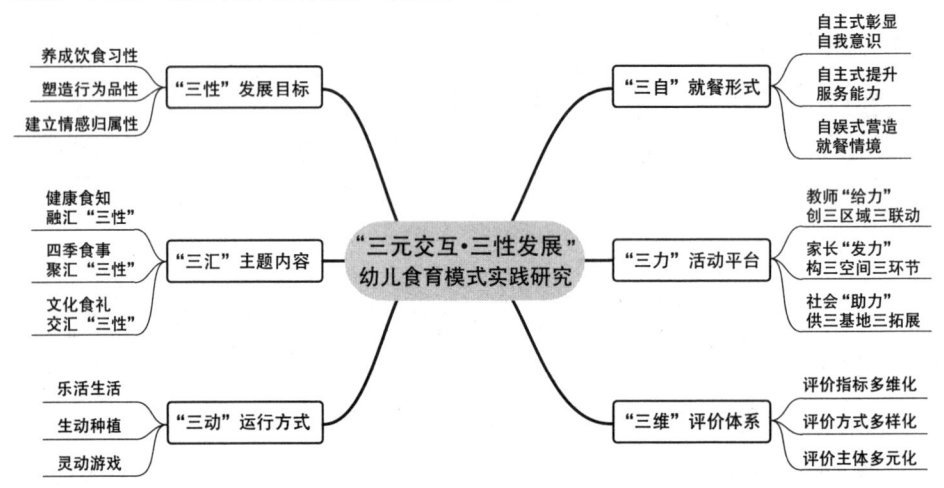

图2-2 "三元交互·三性发展"幼儿食育模式实践研究框架图

经过多年的实践研究，从实践层面上看，这一食育模式有效地拓宽和提升了幼儿食育知识的广度和高度，真正帮助幼儿形成良好的饮食习惯以及食育行为品性，使幼儿对家庭、幼儿园、家乡的归属感更加强烈，让幼儿"吃饭难"的问题得到了有效解决。当然，除此之外，幼儿园和家长需要解决的问题还有很多。（见图2-3）

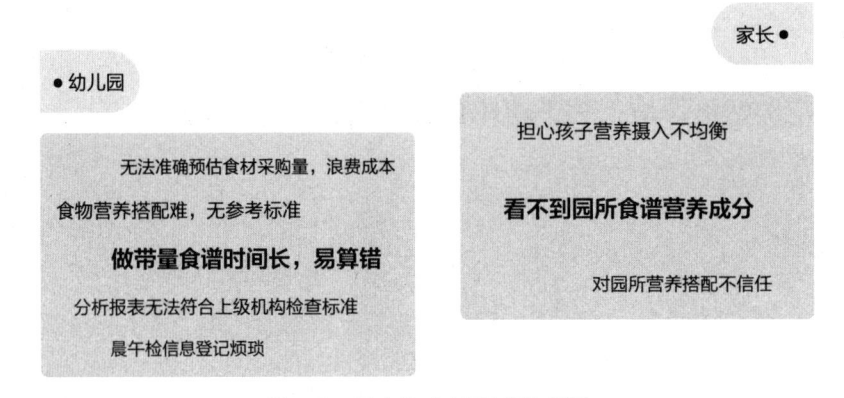

图2-3 园方和家长面对的难题

这些难题通过数字化的手段都可以得到相应的解决。比如，数字化设施设备可以科学快捷地进行膳食搭配，支持一键配餐，智能生成带量食谱，同时也会推荐附近幼儿园在用的食谱，这种10分钟搞定1周食谱的方式减少了幼儿园营养师的配餐工作强度；可以自动分析食谱营养成分，给出优化建议，杜绝了幼儿营养不均衡的情况；可以根据食谱自动生成食材采购单，确保食材采购量的准确无误；还可以通过微信每天同步发送给家长有关幼儿的营养报告，提升家长满意度和信任度。

同时，数字化设施设备还能进行食谱共享，支持幼儿园膳食的集中管控，幼儿园可将标准一键下发，整体管理，方便快捷，避免各园所标准不统一。

在食育研究实践中，我们通过提倡"精准饮食，按数吃饭"的饮食方式，将幼儿的营养数据与大型数字化配餐系统相结合，为幼儿提供精准营养搭配的三餐食谱。

(1) 食材可溯源，保证幼儿食品的安全性

幼儿的胃肠功能和肝脏功能还没有发育完全，比较娇弱，如果吃了质量不合格的食品，很容易引起胃肠功能紊乱，因此，幼儿园要更加重视食材的安全。

东钱湖镇幼儿园为确保孩子吃上安全的食品，在选择食材时，一直以高标准、高要求的态度严格把控整个流程，对供应商进行定期的市场调研，了解、考察食材的质量是否过关，并对所有原材料形成电子文档，如验收标准、储存温度、生产日期、保质期、产地、标签标识等，选择供应商、入库验收要以相关规定为准则，为孩子精选优质的肉类、鱼类、蛋类，以及新鲜的水果、蔬菜等，所有食材均可溯源。为了让采购人员更方便、快捷地了解和查看验收标准，我们利用数字化技术制作了验收标准看板。

(2) 食品检测安全、精准，把好孩子"入口"关

对于食品原材料和成品的安全、营养素的检测，东钱湖镇中心幼儿园层层把关，确保园内所有餐食的安全、精准。

在检测食品微生物时，东钱湖镇中心幼儿园每天需要抽检5~6种食品，并且每半月对食品的加工过程与生产环境也要进行微生物检测监控。另外，为了保证检测结果无误，做到万无一失，我们会对每一批次的原材料进行二次检测，包括蔬果、禽畜肉类、大米、食用油、生产用水等，经过层层检测合格后，才可进入幼儿的口中。除了安全，食品的营养对幼儿来说也很重要。因此，东钱湖镇中心幼儿园还会检测每一份菜品的营养素。营养素主要是脂肪、蛋白质、碳水化合物和热量。这样精准的数据成为孩子每餐的营养搭配的基础。

（3）聘请顶级营养料理师，合理配比幼儿的营养套餐

大多数家长很关注孩子的膳食平衡，为此，东钱湖镇中心幼儿园聘请了专业顶级营养料理师。他会根据每个幼儿不同的身体营养所需和饮食习惯，通过一系列数据评估与分析，科学地为幼儿量身定制不同的营养配比，并倾力研发符合幼儿口味的一日三餐，采用低油低盐的烹饪方式，让食物既美味又营养。

根据"中国学龄前儿童平衡膳食宝塔"，学龄前幼儿处于成长的关键期，身体需要补充蛋白质、碳水化合物、脂肪、能量等多种营养素。其中，蛋白质利于幼儿在成长发育期增长肌肉，对骨骼发育、提高免疫力具有促进作用；新鲜的蔬菜含有多种维生素和纤维素，维生素对幼儿身体的新陈代谢有帮助，纤维素能够促进肠胃蠕动，有助于消化和吸收；碳水化合物能为幼儿提供足够的能量。未来，东钱湖镇中心幼儿园将会把"合理区分蛋白质、脂肪和碳水化合物三大营养素"的材料录入电脑并列入以后的食育计划中，让孩子在科学摄入营养素的同时，还能学到知识，将营养教育与日常饮食相结合，这对幼儿更健康的成长发育有很大帮助。

（4）未来数据化定制——千娃千餐，打造专属于东钱湖镇中心幼儿园的"数字饮食"

东钱湖镇中心幼儿园计划在未来3~5年内自主研发出关于食育的专属小程序——"东幼数字饮食"。这个小程序是借助AI数字化技术，结合专业营养师对幼儿营养分析和饮食搭配给出的建议，以幼儿的身高、体重、性别、年龄、发育状况等为依据进行评估，根据孩子的不同年龄阶段、不同身体数据，巧妙地将每个成长阶段所需的营养进行搭配，推荐适合幼儿身体成长特点的营养饮食方案，实现"千娃千餐"的新型饮食方式，为孩子的饮食营养贴心守护。

当然，小程序除了为其推荐幼儿的营养餐食，还会暖心标注各种食物过敏原，包括奶类过敏原、海鲜过敏原、禽蛋过敏原、坚果过敏原、鱼类过敏原、豆类过敏原等，供家长提前查看，有利于减少幼儿过敏的发生。小程序上提供的所有的菜品均会被切成适合孩子咀嚼能力的大小，让孩子吃得放心、安心。

食育教育实践活动在幼儿园开展后，东钱湖镇中心幼儿园孩子们的饮食习惯发生了很大的变化，东钱湖镇中心幼儿园教师也从中受益良多。困难是有的，但东钱湖镇中心幼儿园研究院对食育的研究却从未停止，相信在未来我们会看到更多的研发成果横空出世。

（三）总结与反思

当下，食品工业化现象日益严重，孩子们偏爱垃圾食品、拥有不良饮食习惯的现象越来越普遍。面对这些问题，幼儿园的全体教师与家长们共同携手致力于幼儿的食育研究与开展，将健康的饮食观深植幼儿心中，进行了数字化的食育实践。

东钱湖镇中心幼儿园通过宣扬"启食育之门，育健康儿童"的健康观念，为后续的数字化实践活动打下了很好的基础，提供了更明确的方向及经验。孩子们参与活动后，一个个都成为了小营养专家，更深刻地认识了健康饮食和绿色食品，并向家庭、向社会宣传健康饮食的知识，受益颇多。丰富多彩的"食"践活动，使幼儿园食育不再只是口号，让幼儿园的孩子们"动"起来，从"知食""选食""制食""品食""贩食"中体验健康饮食的乐趣，进一步地提升了孩子们的食商和财商。

从原材料的层层把关到加工环境的监控检测，从一日三餐的营养搭配到饮食健康的宣传教育，东钱湖镇中心幼儿园始终不忘初心，秉持严谨和科学的态度，从幼儿的营养与健康出发，为幼儿的成长发育保驾护航！

四、思维健康：发现孩子思维个性化差异，因材施教

（一）促进孩子思维发展的编程与数学思维

几千年前，中华大地上发生了一次特大洪水灾害，大禹用"疏导"的治理思维根除了水患，让人们又过上了安居乐业的日子。当今时代，瞬息万变，尽管我们在面临灾害时表现得不再像古人那样恐慌，但现代人的内心依然充满了各种各样的烦恼、焦虑、欲望与困惑。这些问题依旧如洪水猛兽般，影响着一个人的方方面面。在时代的更迭中，旧事物总会被新事物所取代。同理，在时代的发展进程中，我们唯有不断升级自己的思维模式，才能真正与我们所处的时代同频共振；也只有具备灵活、变化的思维，我们才能掌握事物发展的规律，化危为机。然而，一个人的思维模式并非是在短期内速成的，而是在某种思考惯性和训练中逐渐形成的。

众所周知，孩子的幼儿期是启发生理和心理的最佳时期，从体格和神经发育到心理和智力发育，都蕴藏无限的发展潜力。

如果想最大化激发孩子的智力因素，我们就有必要对孩子进行一些科学合理的思维训练。"幼儿思维训练"是适合启发孩子智力的一种常见方式，通过图像、动画、音乐等视觉和听觉信息，提高幼儿的想象力，培养幼儿的语言表达能力及动手、动脑能力。很多家长为了让自己孩子的思维能够得到更好的训练，便急于为其报很多课程班。

有很多家长提出同样的问题：

"我家孩子已经五岁了，一般需要上什么课程？"

"今年我家宝贝四岁半，是上低幼的基础级课程还是直接上进阶课程好一些呢？"

"我家孩子平时特别不喜欢做加减法题，应该上哪个阶段的课程？"

……

事实上，孩子上什么样的课程不是我们决定的，而应该根据幼儿不同阶段的思维特点做出选择。不同年龄段幼儿的思维方式和特点是有差异的，我们应区别对待。

表2-5所示的内容是幼儿在不同年龄段的思维特征及适合学习的内容。

表2-5 幼儿在不同年龄段的思维特征及适合学习的内容

年龄	思维特征和学习内容
2~3岁（托班）	这个年龄段的幼儿，正处于前运算时期[①]的早期，适合运用各种物质材料进行表征应用的游戏活动，学习低幼探索的基础课程。教学中，教师让幼儿通过对物质进行探索了解物质的各方面属性，进行简单的排序与分类，还可让幼儿学会解决单一的操作问题，如用工具挖一个小洞，或者如何堆积各种形状等，让幼儿学会观察、模仿，根据因果关系（现象结果），学会思考，解决问题，发展逻辑能力。
3~4岁（小班）	小班的幼儿具有较强的语言表达能力，可以通过各种动作来表达想要达到的目的。经过前一段学习，如果幼儿已经积累了丰富的经验，这时可以进入低幼探索的进阶课程学习。在进阶过程中，教师可以要求孩子利用自己过去的经验解决生活中的一些问题，或者在创设的情境任务中通过逻辑推理来独自解决问题。当然，这些任务都是符合这个年龄段认知和思维水平的，可以让幼儿通过直观观察，获取信息后解决。
4~5岁（中班）	4岁以上的幼儿，已经进入前运算时期的后期，拥有比之前更丰富的语言表现力，更强的心理表征能力，可将低幼探索课程与数学启蒙同时进行，一面是具体的操作经验，一面是抽象思维启蒙，二者相辅相成。
5~6岁（大班）	大班的幼儿，也处于前运算时期的后期，即将过渡到具体运算时期，对抽象概念已经有些了解，同时也深入理解数字方面的概念知识。因此，教师还是要以实物辅助操作为主，进行低幼探索的进阶课程，丰富日常的游戏活动，结合数学微课一阶段，相互具有促进作用，效果更好。

可见，对于幼儿期的孩子，我们可以采用具备一些抽象思维的教学课程，比如少儿编程、趣味数学等。其中，编程是最近几年比较火的幼儿思维训练课程。

---

① 前运算时期：瑞士心理学家皮亚杰将儿童从出生后到15岁的智力发展划分为四个阶段。前运算阶段是指从儿童学习一种语言开始持续到五六岁。

当然，由于幼儿年龄尚小，有些很复杂的编程并不适合他们学习，所以，幼儿编程课程更多时候是以利用编程和数学游戏来锻炼幼儿思维为主要目的的。

然而，很多家长可能不够了解甚至完全不懂这个宽泛而又新潮的概念。接下来，我们就带大家看看孩子是如何将学到的编程思维学以致用的。

1. 锻炼编程思维，让孩子与未来的"人工智能"和谐共处

随着一系列国家政策的出台，我国科技发展的脚步在逐渐向前迈进，人工智能也随之更普及化。与人工智能和谐共处、共生共存是未来新一代青少年立足社会的基本能力。

除口语和写作以外，编程一直被科技界喻为"第三种语言"。在英国，编程被纳入了中小学课程；在新加坡，中小学考试的科目中已涵盖了编程；在中国浙江等地，信息技术已经成为高考科目。这些都足以说明，国内外基础教育已经逐渐将趣味数学编程纳入教育教学的重要内容。

在了解幼儿编程课程之前，我们先要明确什么是编程思维。

编程思维是一种逻辑思维，是"理解问题，找出路径"的思维过程。简单来说，它是应用我们已储备的知识和经验，将自身的思路转换成逻辑思维进行运算，由繁至简，从而形成一种解决问题的方法。

孩子不但能利用编程思维解决数学、英语等学科问题，而且还能将其运用到生活中的很多方面。

（1）记手机号码

对于幼儿来说，手机号码的数字比较多，一般很难记得住或记牢，如果换成编程思维去记忆，也许就会获得意外的收获和惊喜。

幼儿可以先观察手机号码的结构，我国手机号码都是由11位数字构成的，前三位通常是138、133等网络识别号；然后，幼儿可以利用编程思维建立自己的思维模式，采用"3+4+4"的分组模式进行记忆，即第一组为三位数，第二组、第三组都是四位数，这样记忆手机号码时就会更快、更牢。

（2）整理和归纳

幼儿在幼儿园每天需要上很多课程，虽然每个幼儿园都会给每名幼儿提前发课程表，但孩子在整理书本时，通常都是将今天的书本全部取出，再放入明天的书本，这样就有可能出现忘带课本或带了多余的课本的情况。

幼儿如果可以先观察排课规律，就会发现今天的课程与明天的课程是有部分重复的。这时，幼儿可以利用编程思维建立自己的思维模式，将重复的书本保留，再放入明天上课所需的其他书本，即先预判今明两天是否有重复的课程，没有的话，直接将今天所有的书本取出，放入明天的书本；有重复课程的话，保留重复课程的书本，取出明天不需要的书本，再放入明天上课所需的其他书本。这样就能够避免再发生遗忘课本或多带课本的情况。

从上述内容可以看出，编程思维就是正确处理、解决问题的另一种打开方式。幼儿无论做任何事利用这种思维方式都要比普通思维方式的成功率高出很多。

然而，有些家长由于对幼儿编程课了解不深，总认为编程就是让幼儿去学写一系列复杂难懂的编程代码。事实上，在学习编程时，大多数幼儿都是零基础，学习编程又是一个要长期积累、循序渐进的过程，最开始学习的肯定不可能是复杂的编程代码，而是符合幼儿接受能力的可视化图形编程。

可视化图形编程也可称为可视化程序设计，它不是枯燥复杂的代码，在孩子的眼中更像是画画。孩子们可以将操作界面中代码编辑区当作画布，将各种颜色的程序块当作颜料盒，并拖拽这些程序块进行编程，于是就呈现出了一幅幅优美的动画作品。这样的编程方式对于零基础的孩子们来说，学习起来就没那么复杂、难懂了。

2. 提升数学思维，全面开发孩子的左右脑

除了编程思维，数学思维的锻炼也很重要。在生活中，我们常常会看到很多孩子在学习数学这门学科时，普遍存在这样一种奇怪的现象，小学一二年级的时候，大家学习数学的水平相当，成绩不相上下，到了三四年级，一大部分学生的数学成绩会突然大幅下降，而进入初中和高中之后，课程科目逐渐增加，难度也

越来越大，导致不断有人掉队。

一些教育工作者对此种现象纷纷给出了不同的解释，比如"孩子大了，心思多了，学习就分心了""青春期到了，孩子叛逆了，成绩下降很正常""小时候进行的思维训练太少"。其实，准确来说，就是孩子从小没有打牢思维能力的根基，而培养数学思维的最佳时期就在3~8岁。

如图2-4所示，在孩子的成长阶段，3~5岁是孩子的思维启蒙期。这个时期是启发智力，培养观察、理解能力以及兴趣爱好的重要时期。因此，孩子在这一阶段应进行简单的思维训练，为今后思维能力的形成打好基础。5~6岁是孩子的思维形成期，这一阶段孩子逐渐升入幼儿园的大班，变化非常大，家长和教师应重视培养孩子的实验猜想、推理判断、开拓思维等能力，进行一些更复杂的思维训练，从而形成良好的思维逻辑能力。

	小班3~4岁	中班4~5岁	大班5~6岁
编程素养	机器人 模块 编码 调试、试错 顺序结构	指令/序列/程序 解码 问题分析 批处理/函数 数据 约束条件 分支结构 多种解决方案	编程 参数、变量 循环结构 并列结构 抽象化 模式识别 算法设计 遍历、回溯 最优解决方案
数学素养	点数 图形认知 图形变换 图形组合 路径 一一对应 分类	计数 量的比较 数运算 图形比较 空间方位	次序/排序 量的比较 最短路径 以客体为中心的空间方位判断
核心素养	顺序思维 调试思维 自主学习能力 动手操作能力 科学探究能力	分解思维 条件思维 函数思维 创造性思维 团队协作能力 解决问题的能力	抽象思维 循环思维 规律思维 变量思维 算法思维 空间感知能力 逻辑推理能力

图2-4　孩子在不同成长阶段的思维发展特点

由此可见，幼儿进入大班后更适合数学思维的锻炼。数学思维不仅能够激发出幼儿的左右脑潜能，还能让幼儿的学习能力、想象力、自主解决问题的能力，以及创造力得到有效提升。幼儿园可以通过开展数学思维活动和设计策略性游戏，对幼儿思维的广度、深度以及创造性方面进行综合训练。此外，教师还可根据幼儿身心发展的特点，对其进行心算训练和思维启蒙训练，使幼儿的逻辑推理能力、空间推理能力得到更好的发展。

案例　A幼儿园的数学思维启蒙课程

为了培养幼儿更强的数学思维，让幼儿拥有创造性的逻辑能力和推理能力，A幼儿园为幼儿创设了不同类型的数学思维启蒙课程，具体包括多维互动情景模式，以及数字化思维训练模式。

在多维互动情景活动中，A幼儿园的教师为孩子们创设了多种生活情境模式，如让孩子们在跳绳、跑步等情境中练习数数的能力，让孩子们在堆积木、玩组合形状时认识和学习几何学，而且还有可能进一步了解视觉艺术、建筑学和科学，增加孩子们对空间概念的想象力。通过完成一环扣一环的学习任务，孩子们获得了满满的成就感。

在数字化思维训练模式中，孩子们可以随时随地应用平板电脑等设备，登录幼儿园数学思维训练系统，在家长的帮助下，自由选择数与代数、空间与图形、逻辑与推理等多种模块开始思维训练。（见图2-5）

数与代数	空间与图形	逻辑与推理	统计与概率	生活应用
数的认知	平面图形	图形规律	奇偶数分析	排队问题
数的运算	立体图形	数字规律	图形统计	时间问题
加减乘除	数图形	迷宫	数字统计	分配问题
移多补少	图形拼搭	数独	概率问题	配对问题
看图列式	图形组合	智巧趣题	统筹方法	植树问题
应用题训练	图形分割	等量代换	列表统计	……

图2-5　孩子数字化思维训练相关课程内容

在课程结束后，系统会自动生成学习报告以及课程总结，便于家长查看幼儿的思维训练情况，实时检测孩子的学习效果，同时也有回放功能，让孩子和家长方便快捷地回顾课堂知识。

通过数学思维启蒙课，幼儿在游戏中不断学习，在学习中不断探索，学会主动思考、分析问题，并从中感受到了数学思维带来的无限乐趣。数学思维启蒙课培养了孩子三大思维和八项能力。（见表2-6）

表2-6　三大思维与八项能力

三大思维	创造性思维
	分析性思维
	实用性思维
八项能力	空间想象能力
	动手操作能力
	观察类比能力
	逻辑推理能力
	判断分析能力
	专注记忆能力
	语言表达能力
	计算综合能力

三大思维和八项能力为幼儿搭建起了一座多层结构的思维宝塔，为幼儿未来学习、生活以及工作中解决复杂性问题奠定了牢固的基础。

孩子从幼儿期起接受编程训练和数学思维训练，就会逐渐形成独立发现问题、解决问题的思维能力，那么今后无论遇到什么事，都能够进行拆解、形成自己的逻辑思维模式，将烦琐的事情简单化，最终攻破人生中所有的"难题"。拥有这样的思维能力，孩子将终身受益！如何通过教育的变革，让幼儿迎接未来人工智能时代，成为人工智能时代的主人，是我们这一代教育工作者的职责。让我们一起推动人工智能时代的教育改革,让幼儿成为未来时代的主人。

(二)案例评析:针对孩子的不同思维开设编程课堂

在很多人眼里,编程是一种学起来很难又非常枯燥无味的计算机技术,尤其是有些家长在听到少儿编程教育的时候表示不解,认为孩子这么小就去学习这么高深的课程根本没有必要。其实,现在的少儿编程教育与我们所了解的学习写代码有很大区别,它是利用编程游戏以及可视化图形编程等手段培养幼儿的编程思维能力以及解决问题的能力。

美国麻省理工学院"终身幼儿园团队"[①]针对青少年和幼儿设计开发了一款图形化编程课程——Scratch(以下简称S)。S课程利用类似搭积木的方式来编写程序,非常适合零基础学编程的孩子,它不需要孩子具备英语基础以及电脑键盘操作技巧,只需轻轻移动鼠标就可将拖拽编程部件组成游戏、卡通和动画。另外,它特别重视培养孩子的编程思维能力,让孩子通过对这款编程语言的学习懂得如何思考以及如何解决问题等。S课程具有很多功能,其中很重要的一个功能是让每一个孩子都可以分享自己的作品,将自己利用编程知识制作的小游戏程序分享到官方的网站上,通过这样的交流方式能够使孩子有成就感和自信。下面我们来看看S课程里几个简单的趣味编程小游戏。

(1)"猫捉老鼠"编程小游戏

"猫捉老鼠"的编程游戏是幼儿学习编程入门的一款小游戏。这款编程小游戏的逻辑非常简单,其实就是让孩子移动鼠标从猫开始,顺利走到老鼠那里,即让孩子顺着鼠标的箭头走方格,最后到达老鼠的位置。(见图2-6)

[①] 终身幼儿园团队:少儿编程之父Mitchel教授用"终身幼儿园"来命名他在MIT媒体实验室的研究团队,寄予了他对用幼儿园式的学习方式培养创造力的希望,并借鉴与乐高公司合作的思路,创造了世界上第一个为儿童设计开发的计算机编程Scratch,将复杂的编程变得像搭积木那样简单有趣。

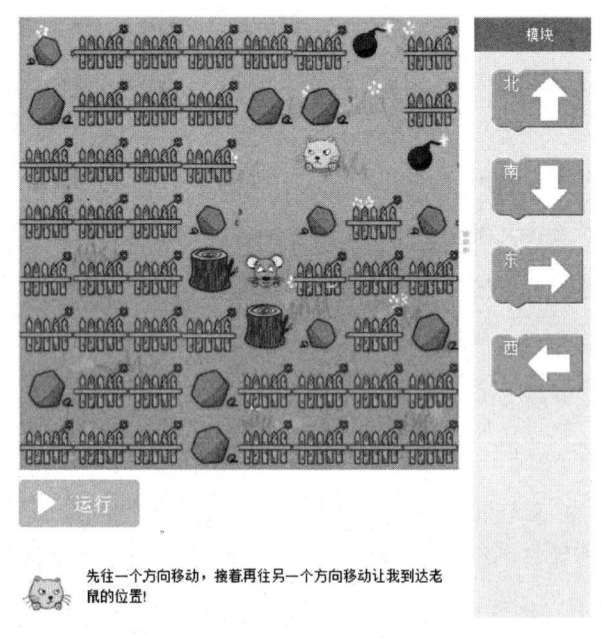

图2-6 "猫捉老鼠"编程小游戏示例

（2）"奇妙的接球"编程游戏

"奇妙的接球"编程游戏的玩法很简单，幼儿先要在屏幕上找到一个球，这个球会从屏幕顶部随机落下，幼儿需要滑动鼠标来控制屏幕下方设置的一块板，这块板会随着鼠标左右移动。球落下时，如果碰到了板，球就会往上按照随机的角度反弹，然后再落下。如果没碰到板，球就会掉入下面的火坑，游戏就结束了。（见图2-7）

图2-7 "奇妙的接球"编程小游戏示例

（3）"射击小鸟"编程游戏

"射击小鸟"编程游戏的原理就是要幼儿通过射击小鸟来进行编程，游戏中总共包含4个角色，其中小鸟Kitty是需要击中的目标，而小鸟Kitty2、射手C、子弹K是不可以击中的。幼儿需要通过按下左右方向键来移动射手，按空格键发送子弹，如果击中小鸟Kitty，则记录变量+1，如果击中小鸟Kitty2，游戏就结束了。每只小鸟都有两个造型，幼儿在游戏时来回切换小鸟造型可以显示其飞翔的效果。舞台背景也有两个，分为正常

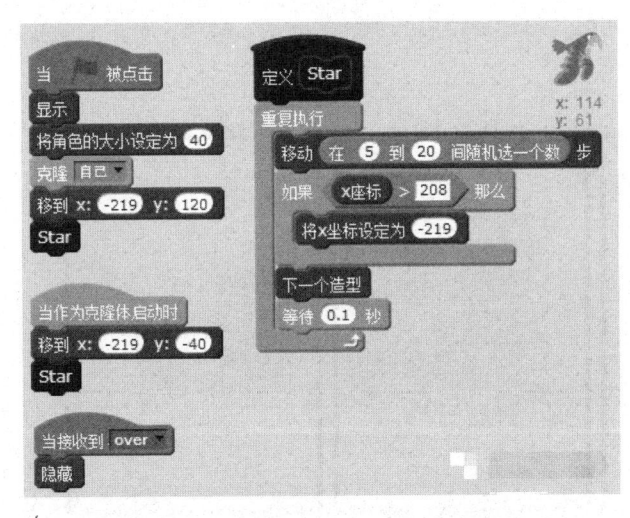

图2-8 "射击小鸟"编程小游戏示例

游戏下的背景和结束游戏的背景。（见图2-8）

（4）"水果忍者"编程游戏

幼儿在体验"水果忍者"编程游戏时，需要完成4个步骤。（见图2-9）

第一步，幼儿需要设置游戏的背景和角色，固定背景为森林，创建4个角色，包括刀刃、香蕉、橘子和吸血蝙蝠。但要注意的是，创建角色后设置造型中心应当在角色正中。

图2-9 "水果忍者"编程小游戏示例（一）

第二步，在设置完背景和角色之后，幼儿需要设置游戏中刀刃的动作。首先要设置让刀刃随鼠标移动的动作，先新建变量Score（得分）、Life（生命值），Score设定为0，Life设定为50。然后将刀刃设为跟随鼠标，并设定游戏中扣血的规则，如果碰到角色Bat1（蝙蝠），那么Life减1。在这里，刚刚入门的幼儿可以根据积木的颜色判断刀刃在

069

哪个模块，然后要设置刀刃外观，将其设置出刀刃的"光影"效果，最后，设定Game Over。（见图2-10）

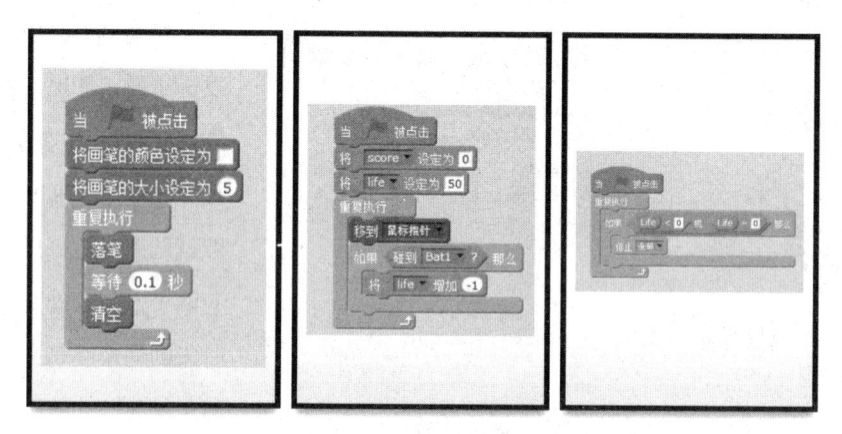

图2-10 "水果忍者"编程小游戏示例（二）

第三步，在完成以上设置之后，幼儿接下来要设置水果的随机动作。设置水果自下而上飞行，到上沿再向下掉落。水果如果碰到刀刃，得分则增加1分，且被击中时会播放声音，改变外形。（见图2-11）

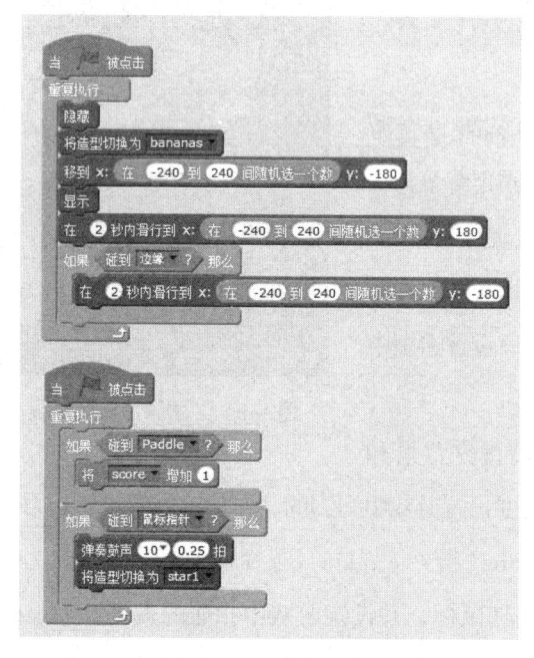

图2-11 "水果忍者"编程小游戏示例（三）

第四步，幼儿在最后还需设置蝙蝠的动作，蝙蝠的动作和水果动作基本是一致的，只是增加了扇翅膀的动作。（见图2-12）

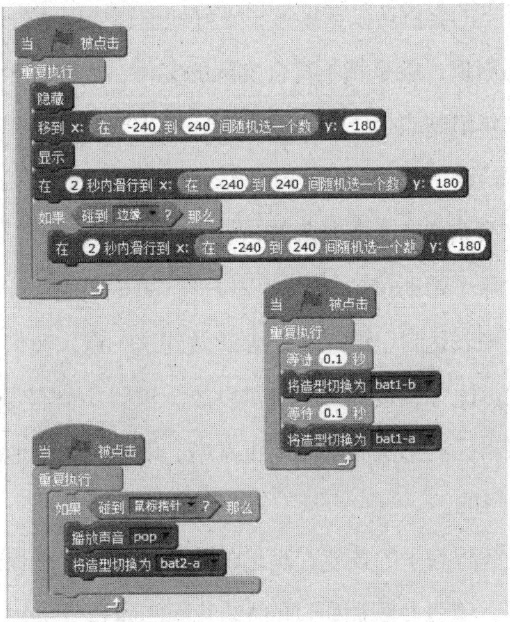

图2-12 "水果忍者"编程小游戏示例（四）

从以上几个编程小游戏可以看出幼儿的编程操作还是非常简单的，不同的编程小游戏，为幼儿带来的乐趣和感受也是不同的。笔者认为，一个好的编程案例需要满足以下原则：

（1）好的编程案例应是有趣的

一个好的编程案例首先要有趣，有趣的案例才能引起孩子的兴趣。要想判断一个案例是否有趣，我们可以通过孩子在课堂上看到案例的反应，观察他们是否觉得这个案例很有趣。

当然，现实中可能并不是每节课都允许我们去观察的，因此我们更应重视研究孩子究竟喜欢什么。想让案例变得生动有趣，我们可以采取在案例中加入流行的游戏元素或常见的游戏设计技巧的方法，让案例从直观上看显得非常酷炫。

所以，我们在幼儿编程课程上，应多鼓励幼儿玩游戏，特别是幼儿喜欢玩的游戏。

（2）好的编程案例应是贴切的

编程案例是协助教师讲解编程概念和培养编程思维的重要工具，特别是在课程的早期阶段，适当的案例可以帮助孩子更好地理解编程中难以理解的概念。

所谓不贴切的案例，就是指不符合实际的案例，或者说生搬硬套的案例。教师应该根据幼儿的年龄特点设计出简单易懂、操作容易的编程案例，让幼儿在游戏中获得自信和成就感。

（3）好的编程案例应是具有延展性的

少儿编程教学除了帮助孩子学会编程技能，更重要的是让孩子通过学习懂得用编程的思维模式来表达自己的想法。要想做到这一点，我们在设计案例时就要保证案例的延展性。比如，设计方案时可以故意预留几个需要改进的地方，让孩子在编程时可以将自己的想法添加到原版本中，以达到培养他们发挥自己想象力和表达自己想法的目的。

为了提升少儿编程教学的技能，满足幼儿心理所需，确保幼儿在学习编程中体验到更多的乐趣，笔者参观调研过的A幼儿园的园长曾带领幼儿园几名教师到贝尔机器人编程无锡万象城中心进行考察和交流，主要讨论人工智能时代怎样培养幼儿园孩子的编程思维能力。

教师们认真听完中心负责人关于贝尔教育在幼儿园编程课程中的做法的讲解之后，便开始体验Mabot实物编程课程[①]，而每位教师完成的结果都不一样，这说明我们应为孩子们提供发挥想象力和创造力的平台，培养他们丰富的想象力和创造力，让孩子们体验编程带来的无穷乐趣。

案例　B幼儿园的编程课堂实践，给孩子们不一样的快乐

在课堂上，那些场景地图涵盖了许多孩子们熟悉的生活场景，教师可以在授课时自由切换场景，满足课堂教学需求。从这样的编程课程学习中，幼儿还能够学习到各个领域的知识，包括安全常识、钢琴节奏以及礼仪等。整个编程过程类

---

① Mabot实物编程课程：贝尔科教中心针对4岁以上儿童设计的实物化课程硬件，能够把所有复杂的语法都装入编程模块，并把编程语言由复杂变简单，如动作指令、程序启动按钮等，让孩子们更容易理解。

似于搭积木，幼儿只需通过物理操作就可以轻松完成一系列编程，在观察和查找地图的同时了解虚拟的故事情境，并在此基础上设置地图路线，在多次尝试失败之后找到解决问题的方法，对幼儿的编程思维具有一定的启发。

其中一个教师回忆说："这样的实物编程板真的是太神奇了，开始时，它会和我们说'我是小贝，如果想和我玩游戏，请你先摸一摸。摸摸我的肚子，我就往前走。摸摸我的背，我就往后走哦！'然后，呆萌的小贝引发了我们强烈的好奇心，只要我们发出指令，它就能根据指令游戏，它运用多样式的模块进行组合搭建，我们只需简单操作就能完成编程，这种游戏化的导入方式一定能够吸引孩子们的注意力。"

通过培训，教师们明白了AI编程思维课程能将复杂的代码转化为有趣的实物编程模块，AI编程思维课程能够通过直接感知、亲身体验、实际操作的方式帮助孩子们学习编程知识，挖掘幼儿的思维潜能和探索能力，进一步提升了孩子们的创造力和想象力。

（三）总结与反思

人类的思维与智力活动和认知有着紧密的联系，它能进一步发现事物之间的本质联系，对事物的规律进行探索，可以说思维是认知过程的高级阶段。因此，锻炼思维对一个人的成长至关重要。

然而，今天很多家长都喜欢为孩子操办一切事务，无论孩子在生活和学习上遇到什么问题都会帮忙解决或者直接给出答案，阻止了孩子独立思考能力的发展。孩子在这种情况下会逐渐养成依赖家长的习惯，慢慢地就懒得去思考，凡事就等家长解决，喜欢不劳而获的感觉。这样对孩子创新能力的培养有很大影响。

相反，如果一个孩子平时善于独立思考，就更善于发现和思考问题，并通过仔细分析后找到最好的解决方案，从而取得优异的成绩。长大之后，孩子在遇到问题时思考的视角会变得更广阔，思维能力也会变得更强，这样的孩子无论在事业上还是遭遇挫折时往往都能从容应对。

笔者曾经为了解"学习编程究竟能为孩子带来什么"陆续收集了很多案例，其中一个男孩子给笔者留下了深刻的印象。这个男孩拥有自信、倔强、坚韧不拔的个性特点，自省力已经超出同一年龄段的其他孩子。

他在大班通关测试中做出的作品所展示的视频非常完美，而且既吸引人又有趣。在其他人为怎样破题拆解任务发愁时，他已经完成了作品。这透露着他缜密的思维，极强的创新力，人人都称他为班级的小小"黑科技"。

教育从来都不是将桶填满，而是把火点燃。我们看到，每个孩子都是特别的。优秀的家长能够看到自己孩子的薄弱之处，并针对薄弱点进行突破。学习编程不是学习的必备工具，但我们从中寻找到了一些教育的规律，这些教育规律告诉我们什么才是最好的教育方式。

天才不是天生的，每个孩子都是等待我们唤醒的天才！教育的最终目标并不只是传递知识，也包括激发每个孩子潜在的爱与智慧的能量。我们要让孩子们在数字化思维编程课程中体验到前所未有的乐趣，培养幼儿园的孩子们决策未来的能力。未来的世界需要他们去创造，需要他们去守护。

五、社会健康：培养孩子实现社会角色的能力

（一）让孩子认清自己的社会角色

孩子的成长是一个社会化的过程。

简单来说，健康包括身体健康、精神健康和社会健康。社会健康，指的就是社会适应性，是个体与他人及社会环境的相互作用，并在这个过程中能够形成良好的人际关系和实现社会角色的能力。幼儿在社会领域里学习和发展的过程就是为未来形成健康人格奠定基础的过程。

人生存于社会中，既要知道怎样与人和睦相处，也要学会怎样看待自己，不断增强适应社会的能力。因此，幼儿如果缺乏社会能力很难取得成功。

1. 角色意识是孩子扮演好自己社会角色的前提

在生活中，我们常常可以看到这样一种现象：很多孩子平时在家总是侃侃而谈，可每当见了伙伴以及社会上的其他人时，就不想表达自己的想法和见解。其实，主要原因是这些孩子缺乏自信，不能确定自己的社会角色，不清楚该怎么表达，表达什么。"我是谁"这个看似简单的问题对年幼的孩子而言却没有成年人想象中那样简单。

有些家长表示，孩子对自己的各种社会角色非常模糊，比如孩子在家养成了自由、懒散的习惯，到了幼儿园不清楚自己已经是幼儿园中的一名成员，应该遵守幼儿园的规则。因此，常常会问题百出，家长表示很无奈。可见，我们应让孩子知道自己的社会角色，这对孩子独立生活、适应社会具有重要意义。

所谓社会角色，就是个体在社会或某个群体中身份的一种体现方式和该身份应发挥的功能。也就是说，一个人在社会里是什么角色就应该做什么事。孩子在幼儿园学习，就应该做一个在幼儿园学习的成员该做的事，遵守该遵守的规则。

孩子年龄小，要想让孩子认清并扮演好自己的社会角色，我们可以从让孩子建立角色意识开始。孩子如果能够真正了解不同角色所要承担的责任，能够理解不同角色的行为准则，自然而然就会认清并扮演好自己的角色。在教学时，我们可以根据孩子的认知规律分以下5个步骤进行幼儿角色意识训练。

第一步，辨认

开始时，教师可以通过展示卡片、图片、照片或玩偶等方式先让幼儿认识常见的各类角色的详细特征，这里主要指的就是社会角色的外形特点。例如，军人会身着军装，工人会穿工作服、戴有颜色的安全帽，医生会穿白大褂……

在数字化时代背景下，教师也可借助平板电脑、全息投影仪、数字大屏等数字化手段，通过展示高清图片、高清照片等方式让幼儿熟悉各种社会角色，让幼儿记忆更深刻，学得更快。

在认清各种各样的社会角色后，教师可以通过"指一指"的小游戏来检测幼儿的学习效果，给幼儿一个指令，如"消防员"，让幼儿说出特征并指出对应的卡片、图片、照片。注意，千万不要在最开始时就把所有的卡片、图片、照片都放在幼儿面前，这样会打消幼儿的积极性。由于幼儿的认知和接受能力有限，教师最好让幼儿逐一认识各种社会角色。

第二步，命名

当幼儿熟悉各类社会角色以后，教师就可继续教孩子对角色进行命名。比如，让孩子对学生进行命名，教师可以随机拿出一张学生的图片、照片等，或指着生活中遇到的学生，问幼儿"他是谁？"让幼儿说出这个角色的名字，用这种方式来加深幼儿对各类角色的印象。

第三步，配对

接下来，教师需要把各类社会角色和他们常用的物品和场所联系起来。在与物品相关联时，教师可以为幼儿举例说明。例如，将教师和粉笔相关联，并以提问的形式问幼儿："请小朋友们想一想，你们都看见谁使用粉笔呢？"然后进一步提示幼儿："我们平时上课的时候，老师是不是手里拿着粉笔在黑板上写字？"除此以外，还可将护士和针筒、学生和书包等一一关联起来。

在与场所相关联时，教师可以告诉幼儿，教师是在学校工作的，医生是在医院上班的，工人是在工厂上班的，等等。边教学边提问"学生在哪里？"或"学校里都有谁？"通过将社会角色与对应的物品、场所配对，让幼儿了解社会角色和环境建立起来的关系，今后当社会环境发生变化时，幼儿就会更容易联想到社会角色的转变。

第四步，学习

在完成以上三个步骤的教学以后，教师可以进一步让幼儿熟悉各类角色的职能。在教学时，教师要注意教学的方法要符合幼儿这个年龄段的认知水平。例如，在让幼儿熟悉医生这个角色时，教师可以拿着医生的卡片、图片或照片对幼儿说："这是医生，他是做什么的呢？就是为我们治病啊。"这种一问一答的互动式教学会提升教学效果，使幼儿可以明白每类角色都有其相对应的、固定的行为及要承担的职能,这有利于幼儿今后在社会中扮演好各类角色。

第五步,角色扮演

为了让幼儿加深对各类角色的理解程度,教师可设计情节,和孩子玩角色扮演的游戏。例如,教师可以和幼儿分别扮演司机和乘客、医生和病人等,要多变换角色,通过游戏的方式,加强每个角色和固定行为的联系,进而加深幼儿对各类角色特定职能的理解。

经过以上5个教学步骤之后,幼儿基本能够理解各类社会角色需遵守的行为规范以及承担的相应职能,在今后认识和学习不同的社会角色时,这一过程就会变得更简单了。为了使幼儿所学的知识更实用、更有意义,教师在这个教学过程中还要注意以下两点:

(1)教学的方式、范例要多样化

教师在给幼儿上课时,所用的方法和范例要多样化,让幼儿了解得更加全面,避免束缚幼儿的思维。不要只用一套卡片或一种图片;角色扮演时不要只演一种角色,要让幼儿知道同一类角色会有不同的形象,例如,医生有男有女,海军和空军穿不同服饰等;可以用数字化设备作为教学工具,引起幼儿的兴趣,只有这样才能使幼儿的知识更广泛。

(2)社会角色教学尽可能融入幼儿的日常生活

社会角色的教学尽可能融入幼儿的日常生活,结合生活情景,让幼儿真实观察和体验不同社会角色的行为、职能和责任。比如,坐出租车时,可以告诉幼儿需遵守乘客这一角色的规则,不要随意乱动,否则很危险;过马路时,要告诉幼儿做路人这个角色应该遵守的行为规则,要走人行道路,遵守"红灯停、绿灯行"的规则,等等。教师要带领幼儿参加各种社会实践活动,增强幼儿对社会角色鲜明、具体的认知。

2. 通过开展社会活动,丰富幼儿的社会经验,提升幼儿解决问题的能力

对于每个人而言,社会化发展的过程是心理发展的重要过程。幼儿从出生那天起,就是一个独立的个体,在社会大环境中,逐渐成长为一个懂得如何处理人

际关系，遵守社会规则，并在社会环境中具备很强的适应能力的人。可见，每个人的社会化最初都是由幼儿期为起点的。幼儿能否协调好与他人、集体的关系，能否非常好地承担社会职能……都决定了他们将来能否拥有适应各种社会环境的能力，而心理调试与社会适应是终身教育的主要目标。因此，幼儿期的社会教育关系着幼儿的终身教育。

幼儿的社会适应能力主要包括人际交往能力以及生存能力。生存能力往往指的是幼儿的独立生活能力，简单来说，就是遇到问题时自己能够独立解决的能力。在《如何培养孩子的社会能力》这本书中，作者舒尔博士曾提出了"我能解决问题法"。这个方法的最终目的是：针对不善于自己解决问题的幼儿，通过对话、游戏、活动等方式教会他们解决问题的方法；针对已经能够自己解决问题的幼儿，引导他们将问题解决得更好。例如，教给孩子怎样处理与小伙伴、家长、教师之间的多种矛盾问题，在寻找解决办法的同时还要考虑到后果，并且要想到他们的感受，以实现与他人和谐相处。科学有效的教学方法，能够达成事半功倍的教学成果。

幼儿社会适应能力的学习是一种特殊的学习，我们唯有将其置身于真实而又生动的生活大课堂里，才能实现最终目标，让幼儿对社会更熟悉、更理解。

例如，在"给白血病患者捐款"活动中，我们与孩子们一起带着礼物到患者晶晶（化名）家探望。在捐款的同时，孩子们了解了晶晶小朋友的病情以及与病魔做斗争的顽强精神，学会了设身处地为他人看想，同时也体验了真实的生活情境。此外，我们还通过"遇见小朋友""做一个小小的清洁工""向警察叔叔敬礼"等不同生活情景的体验活动，帮助幼儿加强理解社会中不同身份人所应有的情感、态度以及行为方式，激发、培养了他们的社会感知力、移情能力和道德判断力。

社会适应能力的培养应是将社会行为、社会情感和社会感知力相结合进行培养的方式，好的教育从来都不应只是传授社会知识以及道德知识，而是应该更加重视对行为、情感目标的追求。为此，我们今后应为幼儿多开展以情感人、触景生情或以数字化游戏为主要形式的社会活动，用数字化引领社会教育，用社会教育引领情感触发，让每个孩子融入生活、感受生活，真正成为一个健康、全面发展的、对社会有用的人才。

（二）案例评析：开展社会性角色游戏活动，提高孩子的社交能力

幼儿社会交往能力的发展与提高总是在生活实践活动中获得的。为了实现这个目标，幼儿园有必要定期为幼儿设计和开展丰富的、与数字化相结合的、可以让幼儿直接参与并能获得深刻体验的社会生活实践活动。

1. 针对幼儿在不同年龄段的特点给予指导

笔者在考察过程中发现，有些幼儿园设置了能够让幼儿身临其境体验的"社会角色扮演活动室"以及一些相关活动项目。在数字化的社会角色扮演活动室中，教师会为幼儿开设娃娃厨房、餐厅、爱心医院等，通过这样的方式给幼儿提供了了解社会和接触社会的机会，让幼儿模仿其中某个角色，进而培养了幼儿的社会交往能力。

那么，针对幼儿不同年龄段的特点，幼儿园在开展角色扮演实践活动中需要提出哪些指导建议？又需要注意什么呢？

（1）活动内容设定要符合幼儿的年龄

幼儿园在为幼儿开展社会角色扮演活动时，应考虑幼儿不同年龄段的特征，让幼儿根据自己生活中已经获得的经验，通过自己的想象力和创造力，借助数字化的手段重新打造现实中的场景。

（2）活动应提供半低结构、半高结构的材料

幼儿园的材料/玩具分类方法有很多，最常见的分类为低结构、高结构。低结构材料，顾名思义，没有很复杂的结构，简单直白，可操作性非常强。反之，高结构材料就是结构复杂，不好掌握，看起来功能先进的材料。

幼儿园在创设虚拟"医院"的环境时，从医院的病房扮演屋到医生扮演所需的医疗器具，都可为幼儿提供安全又环保、结实可重复使用的高结构材料，这样的材料能够达到形象很逼真的效果。

幼儿园在创设虚拟"餐厅"的环境时，可给幼儿提供橡皮泥或面团制成的半成品的"饺子"，让幼儿自己将皱纹纸撕成碎片当成"饺子馅"，做成"饺子"销售给"顾客"。

在这种亲自动手操作的过程中，幼儿会体验前所未有的乐趣，提升了对角色扮演活动的积极性、主动性，培养幼儿学会以物代物的生活能力。

（3）要确保充裕的活动时间

教师在设计活动内容时要将时间作为一项重点内容去考虑。时间过短或过长都不好，过短的话，幼儿会因为没有尽兴或没有完成自己想做的事而产生失落感，并且体现不出社会角色扮演活动的价值和意义；过长的话，幼儿就会感到乏累，逐渐失去兴趣。因此，教师一定要掌握好时间，可以按一堂游戏课40分钟的时间来安排。

（4）活动后要组织幼儿做出评价

任何活动后的评价都是此次活动的总结，对今后活动质量的提升具有指导性作用。然而，很多幼儿园在开展社会实践活动之后，都是让教师进行评价，得出的结论往往是幼儿缺乏经验、幼儿不完全配合等，这样的评价可能起不到任何作用。我们应将评价主体转变为幼儿，让幼儿拥有发言权，通过对幼儿提出一些开放性的问题，使幼儿有了要讨论的话题内容，这样便可畅所欲言，相互讨论，为以后活动需要改进的地方指明方向。

2. 通过开展数字化的"社会实践活动"，培养幼儿正确处理人际关系的能力

社会交往技能常常指在与他人交往和参加社会活动过程中表现出来的行为技能。处在幼儿期的孩子们年龄虽然不大，但已经开始懂得与他人聊天、倾听以及分享，教师应抓住这个关键期，时不时地带领幼儿做集体游戏，先要对幼儿提出游戏规则——幼儿在游戏时不可以互相推人、打人，要学会谦让有礼，等等。教师要仔细认真地观察并发现问题，了解哪些幼儿需要帮助，哪些幼儿比较要好，哪些幼儿比较孤僻等，之后再对症下药，针对不同幼儿的行为特点帮助他们适应

集体生活，引导他们学会与他人相处，以此增进他们与小伙伴之间的感情。

除与幼儿做游戏这种方式以外，教师还可以让幼儿学会自己处理与小伙伴之间的关系，从而提升幼儿的社会交往能力。在这个过程中，教师要对幼儿有信心，秉持先观察和适时介入的态度，相信幼儿可以用他自己的方法和方式处理好人际关系。

案例1　小班的数字"娃娃厨房"角色游戏

每个孩子从小都喜欢观察与模仿，这是他们了解社会的开始。为了让幼儿体验不同社会角色的职能，丰富幼儿的社会性经验，增强幼儿的社交能力，C幼儿园组织园里的孩子们开展"模拟小社会，感受大快乐"的社会角色扮演游戏活动，让幼儿走进成人世界，感知社会环境中不同角色的人际交往关系。

片段一

厨房里缺少土豆，江江来到活动地点的菜园挖土豆。开始挖土豆时，江江由于缺乏力气根本挖不出土豆，试了几次都没有成功。后来，江江叫了几个小伙伴过来，帮助自己一起挖土豆、捡土豆。人多力量大，大家越干越起劲，很快就挖出了一篮子小土豆，大家在劳动中嬉戏打闹着……

片段二

挖了一篮子土豆之后，伙伴们回到厨房，江江给伙伴们分配各自的烹饪工作，有负责切配工作的小伙伴，有负责洗菜工作的小伙伴，还有负责做菜工作的小伙伴，大家从清洗蔬菜，到捞出沥干蔬菜，再到将蔬菜整整齐齐地放到菜板上切，最后模仿厨房中厨师的动作，在炒锅上面进行翻炒……一气呵成，而在这个过程中，教师采用智能机器人为孩子们语音播报整个做菜的流程，指引孩子们顺利地完成了整个任务。

从上面这个小案例中看到，江江在整个角色扮演的游戏中表现得非常出色，他具备"娃娃家"游戏的经验，在智能机器人的引导下能够捋清"小厨师"的操作流程，尤其是在遇到难题时，自己可以想办法解决。除此之外，江江还与伙伴们合作完成任务，能知道伙伴们扮演角色的任务，也能与伙伴们其乐融融地分享、完成每一项小任务的喜悦。"娃娃厨房"游戏的开展既加深了孩子们对"厨师"这个社会角色的认知，体会到厨师工作的不易，也利用数字化手段让他们学会了做厨师时需要承担的责任以及怎样沟通好人际关系，对孩子们的成长有很大帮助。

案例2　D幼儿园的"做社会的小主人"角色游戏

2021年2月，D幼儿园为丰富幼儿园孩子们的寒假生活，让幼儿体验社会中不同的职业角色，开展了"做社会的小主人"活动。活动中将小班的孩子们分为三个小组，用讲解知识以及互动体验的方式，帮助幼儿体验快递员、服务员、业务员等社会角色，促进幼儿的社会化发展。

第一小组

社工为孩子们仔细介绍服务员的岗位职责、着装要求等。在认真听完讲解之后，孩子们开始服务员角色的体验活动，分两个小分队分别扮演"顾客"和"服务员"。扮演"顾客"的组员会故意提出各种小意见，比如"我不会扫码怎么点菜呀""你们的点餐系统的菜单我也看不懂啊"，等等。扮演"服务员"的组员一直要保持微笑并尽力解决智能点餐中遇到的问题。体验活动结束后，孩子们纷纷感叹做服务员真不容易。

第二小组

社工带领孩子们参观快递驿站，并邀请站长李先生给大家介绍驿站以及快递员需要做的服务项目，孩子们边听讲解边提问，受益良多。

组员们在扮演快递员角色时，依次抽取自己的任务，用小自行车代替电动车，体验派件及揽件过程中"快、准、无误"的工作要求。这个活动让幼儿了解快递员们完成送件工作的关键所在及数字化的办公流程。

第三小组

社工详细为孩子们介绍了邮递员业务范围以及任职条件，在体验邮递员角色时，扮演"邮递员"的组员需要做检查、装运以及派送邮件等工作，进一步让孩子们了解了邮递员这一社会角色的辛苦。

幼儿园教师发现孩子们通过此次活动有了很大的变化，从生活实践活动中获得的知识与体验远远超过了理论上的讲解。因此，D幼儿园之后又结合街道特色，链接社区资源，开展了更多能够促进幼儿社会化发展的数字化活动。

社会角色扮演实践活动的开展对幼儿的成长具有重要的意义，它有效地提高了幼儿的社会交往能力，促进了幼儿社会性的发展。在整个实践活动中，教师的指导策略直接决定了活动能否顺利开展。为提升教师指导水平，幼儿园应常常指导教师不断反思学习以及总结经验，利用数字化手段协助教师开展活动，从而让游戏化活动在幼儿生活中占有更重要的地位，使幼儿从游戏化、数字化的实践活动中感受社会角色体验带来的真正快乐。

（三）总结与反思

幼儿在社会化的成长路上，不能只靠教师和园所单方面的努力，而是要靠多方的人际交往过程，不断提升社会适应能力。因此，除了构建一系列数字化、游戏化的实践活动，幼儿园还应把握以下几个方面：

(1) 家长与幼儿的亲子互动

幼儿与家长之间的情感联系是未来幼儿与他人建立良好人际关系的基础。幼儿从小与家长维持良好的关系，以后与他人就很容易建立良好的人际关系。家长可以换位思考，站在孩子的角度与孩子进行沟通，了解他们的行为与想法。首先，应该了解孩子对问题的想法，帮助并鼓励孩子思考整个事件的起因，要注重孩子思考的过程，而不是家长要如何解决问题，也不是关注具体的结论。其次，在这一过程中，家长要试图引导孩子多为他人着想、理解他人，培养孩子善发现、明事理的能力，并在此基础上能够找到合理的解决方法。

(2) 幼儿与其他伙伴的互动交往

幼儿与同伴之间相处融洽，能够让幼儿从中体验到归属感和安全感，对幼儿的情感发展具有促进作用。由于每个幼儿的生活经验和认知基础不同，幼儿在与同伴交往过程中，能够相互分享、模仿与互相学习彼此的生活经验和知识，这对幼儿来说是情感培养的重要机会。同伴的行为和活动是幼儿自我评价的参照物，幼儿可以通过对照更好地认知自己能力的不足之处，对自己的能力做出准确的判断。幼儿与同伴的交往对学习社会技能同样很重要，这需要幼儿不断地维持这段关系，而且从同伴获得的反应一般情况下非常模糊，所以幼儿需要具备很强的社交能力，让同伴的信号和行为反应表现得更清晰，才能使与同伴的交往活动进展得更顺利。

（3）依靠教师的引导进行活动

在幼儿社会化的过程中，教师对幼儿的引导同样是不能忽视的一项重要工作。幼儿都喜欢玩游戏，游戏活动是教师培养幼儿人际交往兴趣和能力的重要途径。让幼儿学会人际交往的第一步是教师要教会幼儿必要的社交技能，培养幼儿独立解决问题的能力，帮助幼儿改掉乱发脾气的缺点，掌握与他人正确沟通的方式。第二步是教师要让幼儿学会站在他人的视角，考虑他人的感受。幼儿在生活中总是以自己的视角去看世界，将自己和其他人划出了一条明显的分界线，不喜欢与他人分享，比如幼儿不愿与其他伙伴分享玩具、零食等，这是幼儿阶段常见的一种正常行为现象。这时，教师可以对幼儿进行引导，改变其以自我为中心的主观意识，让幼儿逐渐愿与他人分享并懂得换位思考为他人着想，形成良好的品质。

（4）保持家园共育

培养幼儿社会交往能力需要家庭和幼儿园共同长久的配合。教师要积极主动地争取家长的配合，保证家园教育的一致性。幼儿交往能力的培养是一个长久的过程，唯有家长和教师站在同一条战线上，要求保持一致，共同培养幼儿，才能取得显著的效果。

成长中有跌跌撞撞，但依然需要勇敢向前的勇气；成长中有重重磨难，但依然需要心怀感恩的沉着；成长中有种种失败，但依然需要傲然挺立的霸气；成长中有磕磕绊绊，但依然需要坦然微笑的信心。幼儿的社会化发展是一条漫长的成长之路，同时又是一条艰难的必经之路。但我们可以在用心育人的同时，依靠数字化力量，与家长们共同为幼儿创建各类社会角色体验的环境，开展扮演各种社会角色实践活动，让幼儿在这条社会化的道路上学会认清自己、适应社会，在未来成为想成为的人！

第三章
管理数字化：让决策更科学，管理更精细

幼儿园管理数字化能够辅助我们更轻松地解决很多传统幼儿园解决不了的问题。东钱湖镇中心幼儿园正在筹划未来几年能够开发出具有开放性、合作性特点的"AI+大数据"服务模式平台。此服务平台涵盖了管理、师资、教学、安防一体化的数字化幼儿园解决方案和管理生态圈。加强学前教育的标准化建设，能够在很大程度上降低幼儿园的管理成本，提升幼儿园的办园质量和运作效率。此外，数字化管理系统还可以让我们在精准数据的帮助下进行轻松的分析和处理，从而简化传统的教学管理，真正实现传统幼儿园管理转型升级的核心理念。

一、安全管理：
建构基于数据应用的信息安全保障系统

（一）人：幼儿的安全永远是第一位的

安全工作是幼儿园的一项重点工作，确保幼儿的安全是幼儿园各项工作的基础，是开展各项保育教育活动的前提。幼儿园的安全既关乎每个幼儿自身的安全和健康，还关乎每个幼儿所在家庭的幸福。但由于幼儿年龄偏小，安全隐患防范意识差，自我保护能力缺乏，发生意外的概率非常大。怎样从幼儿进入幼儿园大门的那一刻起，就为幼儿筑起一道安全的防护墙，是笔者从教多年以来始终关注的问题。

1. 幼儿园安全存在的巨大隐患

多年以来，幼儿园不断地进行办园体制改革、管理改革、教育改革，在这样的背景下，家庭与社会逐渐走进幼儿园，家园频繁进行互动，让社会教育、校园教育、家庭教育得以共同发展。然而凡事都有两面性，在所有的事物都朝着好的趋势发展时，安全隐患随之而来。

例如，2021年4月28日下午，在广西壮族自治区北流市新丰镇，一所民办的幼儿园里发生了一起蓄意伤害事件，这起伤害事件直接导致了16名幼儿和两名教师受伤，其中有两名幼儿伤势非常严重。事件发生后，玉林市、北流市组织一切力量尽最大努力对受伤教师和幼儿进行救治，犯罪嫌疑人已被公安机关逮捕。

从曾经的某知名幼儿园幼师毒打虐待幼儿事件，到现在幼儿园的意外伤害事件，看到这些幼儿园里频频发生的幼儿伤害事件后，家长们也许会感到毛骨悚然，不自觉地在心里产生疑问：究竟哪里才是孩子安全的成长基地？为何在幼儿园越来越重视安全的情况下，安全隐患还依然存在，且更加凸显呢？

事实上，并非所有的幼儿园都拥有童话般美丽的环境，拥有有专业素养的教师，拥有经过严格训练的保安。因此，幼儿园偶尔发生意外事件也就在所难免了。然而，孩子是无辜的，他们幼小的身体和稚嫩的心灵不该受到伤害。一桩桩事件的发生为我们敲醒了警钟，我们应该更加重视和解决幼儿园的安全问题，把好入园第一关，守护好幼儿和教师的生命安全。

幼儿园传统的入园安保工作往往仅是依靠安保人员对入园人员进行验证检查，很容易出现不明身份人员进入幼儿园，幼儿被漏接、错接甚至出现冒领和拐带等现象。这不但费时费力，而且幼儿的安全很难得到百分之百的保障。

其实，要想把好幼儿入园第一关，每个幼儿园都需要配备一套能够快速甄别接送幼儿人员身份，并进行实时记录且省时高效的智能门禁系统。

2. 与公安联网，实时监控幼儿安全的人脸识别系统

教育数字化的转型，让人脸识别系统逐渐走进了我们的视线。人脸识别技术是一种新兴的身份识别认证的技术，它主要是基于人的脸部特征，利用计算机图像分析、模型理论、人工智能及非接触高端模式识别技术，检测并识别人脸特征的信息，经过分析、比对、匹配等得出数据信息来确认每个人脸的身份。人脸识别技术具有方便快捷、安全易操作、健康无接触、测量精准等优势，如表3-1所示，现已被广泛推广和应用到了各大行业中，幼儿园自然也不例外。

表3-1 人脸识别在各个领域的应用

领域	应用内容
金融领域	人脸识别系统在此领域的应用最为广泛，在安全性上有较高的要求，可以进行活体识别、身份认证等。
安保领域	人脸识别系统在此领域主要应用于企业、住宅、社区等集体单位的安全管理，现已成为普及的基础安保方式。
交通领域	人脸识别系统在此领域主要应用于车站和地铁站，人们可通过人脸识别对进站人员和身份证进行对比分析、验证，验证成功后方可进出车站和地铁站。
娱乐领域	人脸识别系统在此领域主要应用于美颜相机、网络直播、短视频等，人们可以借助人脸识别技术进行美颜以及特效处理。
公安、司法领域	人脸识别系统在此领域主要应用于追捕和定位逃犯，可帮助公安和司法机关准确定位犯罪嫌疑人所在位置，对其进行追捕，而此系统中的监狱系统管理功能还可对服刑人员进行监控，发现其有异常行为便会报警，起到了安防的作用。

幼儿园的人脸识别系统是通过对入园人员人脸特征识别，在自己所在办公局域网范围内的服务器上录入信息、管理信息，同时具有门禁考勤、视频监控等功能。幼儿园人脸识别系统主要有三大特点：经济高效、实施容易以及扩展性强。（见表3-2）

表3-2 幼儿园人脸识别系统主要特点

特点	内容
经济高效	幼儿园人脸识别系统能够精准识别入园人员的身份，可以推送文字、语音、图片等多媒体信息给家长和教师，它的应用既省时又省力，而且效率高。
实施容易	幼儿园人脸识别系统通过"刷脸"就可以直接完成入园者的身份认证，简单快捷，安全易操作，适用于各种年龄层次和文化层次的人群。
扩展性强	人脸识别系统利用计算机图像分析、模型理论、人工智能及非接触高端模式识别技术，检测并识别人脸特征的信息，利用移动互联网的互联互通技术可以和其他第三方系统轻松互联，也很容易开发基于人脸识别系统的其他增值业务系统。

具体地说，幼儿园人脸识别系统的原理是通过人脸识别通道机，借助优异物联网、移动互联网技术，通过刷脸、测温、健康码进行同步验证，同时支持口罩

识别、活体检测，最终在FIRS人脸识别设备上呈现采集的人脸信息，入园人员身份确认成功才可以打开门禁闸机，再将人脸识别信息进行一系列的数据化处理，最终在信息接收的互动终端进行整合，让整个系统形成具有完整性、唯一性的一体化处理平台。

幼儿园只需要根据园所的实际情况，安装一个人脸识别通道机，包含一进一出两个道闸，在每个通道上配置一个IP摄像机。IP摄像机的主要作用是采集、识别和对比人脸信息。另外，还要配置一台个人计算机，用以完成整个系统软件的安装管理、信息的整合管理、制作IC接送卡片等操作。

幼儿园人脸识别系统使整个园所在管理上变得更精细化、更智能化、更具体化，概括来讲，可体现在以下5个方面：

（1）信息的录入与识别更精准

在幼儿刚刚入园时，幼儿园可对家长和幼儿进行信息采集，并将所采集的信息录入系统后台的数据库，采用发卡器的形式采集相关信息并录入，制成IC接送卡，然后把制成的IC接送卡发给家长和幼儿。与此同时，我们还要对所有家长和幼儿的面部信息进行采集，并录入数据库，在后台绑定家长和幼儿的信息，以确保无论什么人在入园时都需要刷卡和人脸识别的双重认证，人脸识别系统第一时间调取数据库里的绑定信息，显示识别认证结果，加强了对幼儿安全的保障。（见图3-1）

图3-1 信息的录入与识别示例

（2）家长接送、教师管理智能化

人脸识别系统让家长接送孩子更智能化。在进入幼儿园时，家长不但需要进行刷卡验证身份，还要通过摄像头进行人脸识别认证。只有两项身份认证信息都与预留信息相同，道闸才会打开，家长方可通过。这减少了沟通的时间，方便家长接送幼儿。另外，系统还会立刻将接送信息发送给家长、教师以及其他和孩子绑定的家属，信息可能是文字，也可能是图像，目的是让家人看到人脸识别认证时所拍的照片，了解接送人的信息，从而更加放心，同时让教师对幼儿入园的情况做到心中有数。后台管理员也可通过系统管理器时刻查看幼儿的接送记录，并将接送记录制作成表格形式，方便随时查阅。

（3）门禁与考勤一体化

幼儿园的人脸识别系统拥有信息推送、语音播报、智能刷卡、掌上App、安全定位等功能，既能验证入园人员的身份，又能让园长、教师以及其他管理人员了解幼儿每天入园的情况，无须教师再像从前以签到方式亲自记录幼儿名字。将门禁与考勤功能融为一体，方便教师应用与操作，减轻了教师的工作强度，也让幼儿园的安保工作更有保障。

（4）数据库容量巨大让管理更方便、高效

在传统的幼儿园管理中，教师识别孩子的身份往往需要凭经验和记忆力，为了防止遗漏，会对每个入园的孩子进行登记签到，而人脸识别系统投入使用后，幼儿只需要在最初入园时将自己的基础信息、接送人员信息、人脸模板信息等录入系统中，系统录入成功后就会在数据库为幼儿形成一个专属的信息档案，幼儿进入幼儿园时需要进入摄像机人脸采集区内，此系统便可迅速识别幼儿信息，确认幼儿身份。如果识别成功，会在班级播报幼儿入园消息，形成每日出勤表，让幼儿园的管理更方便；如果识别不成功或者测温较高，就会将录入者的信息保存，同时响起警示的声音，防止携带传染病的幼儿进入幼儿园，也防止非本园人员进入，避免出现遗漏、错误录入等现象。

整个身份确认过程非常快，可达到每分钟通过30名人员的速度，几乎不会再出现拥堵的现象，而且会将每天家长接送幼儿的准确时间和影像记录保存，可供

查询。这确保了幼儿的安全，提升了入园的效率。（见图3-2和图3-3）

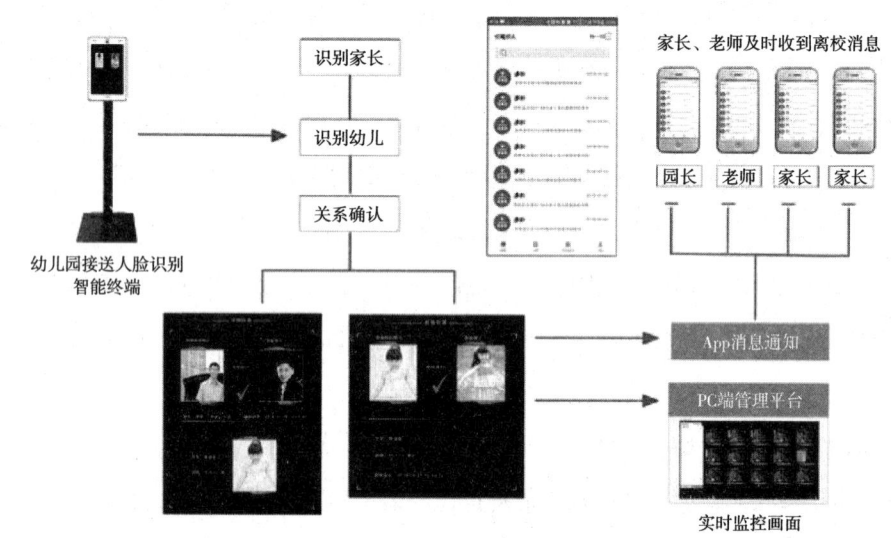

图3-2　人脸识别系统识别流程示例

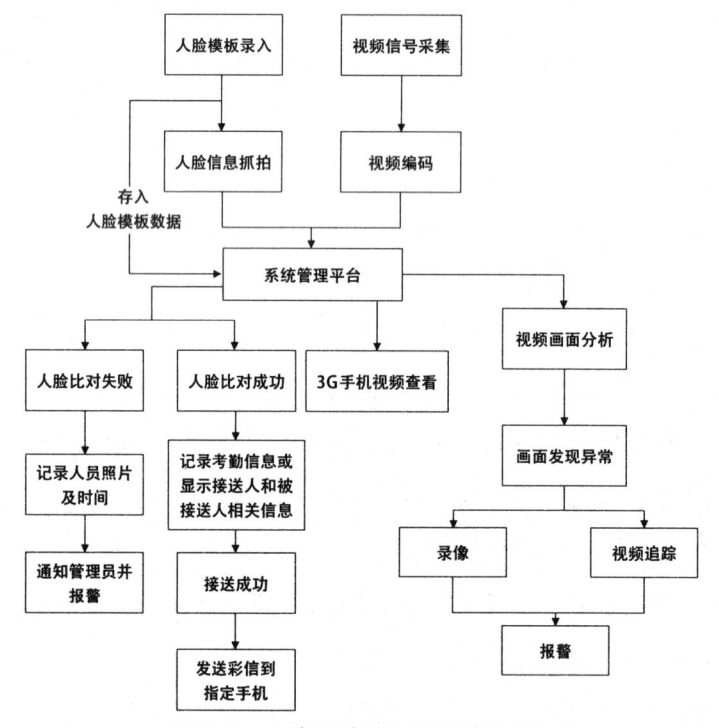

图3-3　人脸识别系统识别逻辑示例

(5) 与公安系统联网，共同保障幼儿与教师的安全

人脸识别系统还具有设置进出幼儿园时间段的功能。一方面，视频系统可对进出口和安全区域进行实时监控，以及时对幼儿在非通行时间随意离园的行为加以阻止；另一方面，视频系统还会在人脸识别区检测与分析画面中人员的行为、运动轨迹、行动目标，如果视频系统检测到画面中人员非通行时间进入指定区域、或在视频画面中突然消失、或出现反复进出画面等异常的行为情况，便会响起警示的声音，提醒安保人员进行及时处理。同时，此系统还会与公安系统联网，将来访信息入库公安系统，方便日后查找，建立安全的幼儿园环境，避免幼儿园意外事件的发生。

人脸识别系统以其方便快捷、功能全面、量身定制等优点在幼儿园中被有效地应用，使幼儿园的管理工作更加规范、有序、便捷，让师幼的安全系数得到了大幅提高，真正守护住了幼儿园的第一道安全防线。

（二）车：通过车辆道闸系统对出入园所的车辆、访客进行管理

幼儿园既是幼儿启蒙教育的起点，也是幼儿健康成长的乐园。从家长将幼儿送到幼儿园的那天开始，幼儿园就承担着保障幼儿健康、安全的职责。从教多年以来，笔者一直在思考怎样从形式到内容对幼儿的安全加强保障，怎样做才能让幼儿开心、让教职工增强责任心、让家长和社会放心。要想实现这些目标，我们需要从各个方面加强安保措施，车辆出入管理就是其中主要的一项。

随着我国经济的迅速发展，汽车总量快速增长，停车难、管理难的社会问题逐渐凸显。在此社会背景下，人们居住、办公的环境却随之得到了很大的改善，智能小区、数字化校园逐步开始普及。在数字化幼儿园建设的规划中涵盖多项内容，其中一项很重要的内容就是建设具有智能化、现代化的停车场管理系统。当然，建设一个好的停车场，既要有合理的基础交通设施规划，以确保车辆安全有序地进出，同时也要配备先进的硬件和软件管理设备，以达到科学管理的目的，全面保障师幼安全。为了给幼儿创建安全的成长环境，以提升幼儿园的办园质量和管理水平，笔者的团队根据调研的实际情况，与研发公司充分沟通后，正在开

发一套幼儿园车辆道闸系统，这套系统具有实用、经济、功能全的特点，不仅与教师考勤管理系统相对接，还便于对出入幼儿园的访客进行管理。

1. 车辆道闸识别管理系统

车辆道闸识别管理系统与访客预约管理系统、教师考勤管理系统，以及幼儿园卡口系统这三大系统相互融合，对进出幼儿园的车辆可以实现统一管理。

访客预约管理系统可对进出幼儿园的车辆车牌号进行识别，对驾驶员的人脸进行抓拍，之后生成的数据信息会自动与幼儿园内部人员车辆车牌数据库、此系统上提交的预约车牌号数据进行对比分析，确认无误后可自动放行。教师考勤管理系统使车辆进出管理与教师考勤管理相对接，将教师车辆进入信息采集到系统，同时生成教师考勤记录。幼儿园卡口系统的设置对园外没有预约车辆的进出有限制作用。

车辆道闸识别管理系统的应用对幼儿园车辆规范性的管理，以及幼儿的安全具有非常大的好处，主要可概括为两大优势：

第一，车辆道闸识别管理系统与教师考勤管理系统相融合，两大系统进行数据互动。道闸通过对教师车辆识别后，将采集的信息实时传送到教师考勤管理功能模块，无须下车再刷脸打卡，教师每日考勤数据一次性生成，进出幼儿园不需要重复考勤。教师考勤管理系统，让教师考勤数据无缺失，统计更加完整准确；让幼儿园的进出记录有据可循，后勤管理更加方便；同时还可作为教师绩效考核的重要参考依据。

第二，车辆道闸识别管理系统与访客预约系统相融合，两大系统进行数据互动。车辆进入幼儿园时，车辆道闸识别管理系统会自动识别车牌号并将数据提交到访客预约系统上进行对比分析，只有具有入园权限的车辆才可进入；当车辆出幼儿园时，车辆道闸识别管理系统同样会立刻将识别的通行车辆数据上传到访客系统，完成访客出园记录。访客预约系统能够管理幼儿园访客出入的情况，防止非本园人员进入幼儿园，阻断了安全隐患，保障了教师与幼儿的安全。

2. 基于识别管理系统的访客管理

数字化是在人工智能技术的高速发展和应用的基础上建立的。今天，无论是银行业务办理、乘坐动车去旅行，还是外出扫码购物，我们随处都可看到数字化的身影，人工手动操作正在被刷脸识别、身份证识别、智能填写等人工智能技术所取代。车辆道闸识别管理系统的出现，可以让我们更好地管理出入幼儿园的访客信息，甚至在未来我们还有可能会在此基础上建立更科学、更合理的访客管理系统。

访客管理系统，即是对幼儿、家长以及园外人员进出幼儿园而建立的自动化、智能化管理系统，此系统专为满足幼儿园来访管理的实际需求而开发，采用触摸屏操作，只需点下屏幕即可对来访人员进行人证匹配身份验证，访客须凭打印条实名到访，有效快捷地取代了手工登记的方式，防止闲杂人员进入幼儿园，大大减轻了安保人员的工作压力。访客管理系统主要分为六大功能模块，即人脸访客、人证校验、扫码访客、凭条进出、短信通知、公安入库等模块。每个功能模块都具有相应的作用。传统的访客管理模式与现在的访客管理系统的区别见图3-4。

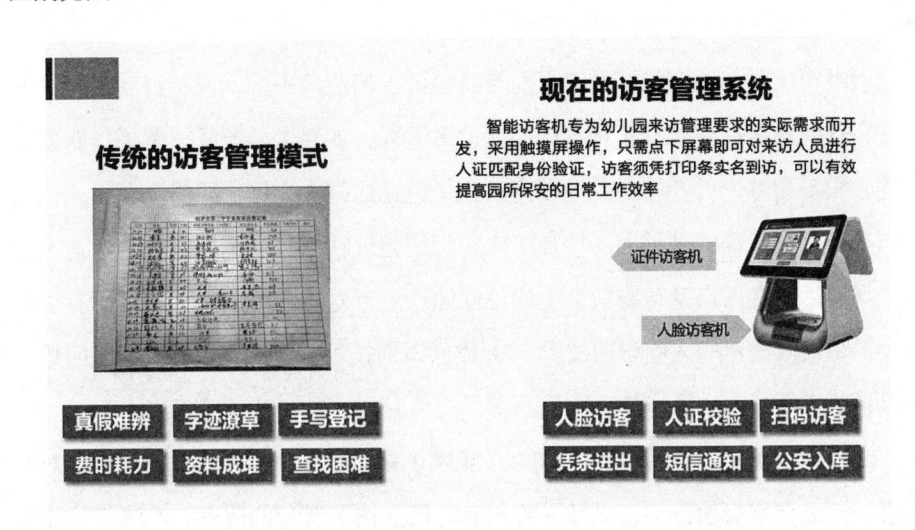

图3-4 传统的访客管理模式VS现在的访客管理系统

在传统的幼儿园里，无论是陌生人还是家长，要想进出幼儿园都需要在大门口的安保处提供身份证进行实名登记，这种手写登记的方式，虽然会对防止陌生人进入园内起到一定的作用，但还是会存在一些漏洞。例如，有可能出现使用虚假身份证混进园所的情况。除此之外，传统的访客管理模式既费时又耗力，手写登记的信息往往由于一些安保人员字迹潦草，难以辨认，且随着访客的增多，信息资料会堆积成山，导致查找访客信息十分困难。

相比之下，现在的访客管理系统优势就很明显了。采用访客管理系统，一是可以让幼儿园对出入人员的管理更规范化，对园内教师和幼儿人身安全起到有效的保障作用；二是可以随时随地在线预约，提交访问申请；三是可以对进出园的访客进行信息采集和登记；四是可以将访客、被访问对象、出入园门时间、电话、身份证信息等所有的访客信息进行统计汇总，掌握幼儿园总体的访客信息，做到可查询、可追溯。

那么在访客身份证信息验证上，访客系统是如何做到确保其真实性的呢？

在广州，某所幼儿园采用人脸识别访客登记系统，与公安系统相连接，利用OCR（识别）技术，对来访人员身份证上的信息以及身份证上的图片进行认证，进而确认身份证信息的真实性。然而仅仅确认身份证信息的真实性是不够的，我们还需以此为基础来验证访客信息的真实性。

肉眼审核时，访客的模样有可能与身份证上的照片不像，或从直观上看根本不符，这时访客往往会找各种各样的借口来解释，如胖了、瘦了、黑了、头发长了等，稍不留意，可能就会混进园内。为了避免这种人为错误的情况发生，该幼儿园在身份证验证的基础上，增加了人脸识别验证功能。系统摄像头会对访客拍下现场照片，之后自动与身份证上的证件照片进行对比分析来确认访客所有的信息是否一致。成熟的人脸识别技术、3D成像识别技术，为幼儿园访客系统所用，可以杜绝视频、照片等作弊的情况。

人脸识别访客登记系统利用OCR（识别）技术、人脸识别技术，可轻松对访客进行快速登记身份证信息以及人脸信息，既加快了登记的速度，又降低了作弊成功的可能性，当发现有身份不符的人出现时会自动发出警报，并向公安部门报警，为园内教师与幼儿提供了极大的安全保障。

幼儿在幼儿园的安全需要从根本上得到保障，无论是人脸识别访客系统，还是前面提到的车辆道闸识别管理系统，都为幼儿的安全上了一道保护锁，这样才能让家长放心，才能让幼儿在幼儿园的庇护下快乐成长。

（三）物：视频监控摄像头全天候监管幼儿园的安全

天真无邪的孩子是家长心尖上的宝贝，家长们恨不得每分每秒都能了解自己孩子在幼儿园的生活情况，想要了解孩子有没有正常吃饭、学了哪些歌曲和舞蹈、做游戏活动有没有受伤等。近两年，幼儿园安装视频监控成为社会关注的焦点话题。

幼儿园的安全问题一直是幼儿家长和管理者最关心的问题。

近些年幼儿园意外伤害事件时有发生，让许多家长越来越容易陷入恐慌，一宗宗事件的发生提醒着我们，幼儿园的安全漏洞需要填补。可幼儿园的孩子们年龄偏小，根本没有自我保护能力，更谈不上自我防护能力。因此，幼儿园需要建立一套视频监控系统，为整个幼儿园筑起一道安全防线。

1. 视频监控摄像头，让家长更放心，教师更省心

在幼儿园的多个角落安装上视频监控摄像头，以实现全覆盖、无死角的监控，无论对幼儿还是教师，都是一种很好的保护措施。

对幼儿来说，幼儿缺乏独立民事行为能力，如果受到欺凌、猥亵等人身伤害时，可能会被要求进行举证，但是小小年纪的幼儿几乎不具备举证的能力。因此，幼儿园视频监控摄像头的录像取证，对幼儿当然是一种特殊保护。

对教师来说，教师与幼儿本就处于强弱不对等的情况，如果幼儿受到人身伤害，《中华人民共和国民法典》第1199条规定："无民事行为能力人在幼儿园、学校或者其他教育机构学习、生活期间受到人身损害的，幼儿园、学校或者其他教育机构应当承担侵权责任；但是，能够证明尽到教育、管理职责的，不承担侵权责任。"从理论上讲，在举证时可采取责任倒置原则，让教师对没有侵害行为进行举证。可如果幼儿受到的是意外人身伤害，教师就很有可能由于无法提供没

有责任的证据，而蒙受虐童之类的不白之冤。因此，幼儿园视频监控摄像头的录像取证，对教师同样也是一种保护。

此外，还有一种情况可能发生，就是教师真做出了长时间罚站、关小黑屋等虐待幼儿的事件，可由于幼儿没留下伤痕、肿块等损害后果，家长和幼儿也就无法提供验伤报告之类的证据来进行举证，当然教师也无法自证清白，如此一来，双方就会各执一词，出现聚讼纷纭的局面。幼儿园视频监控摄像头的录像取证，则会帮助还原事情真相，让事件得到最公正的判决。

其实，安装视频监控摄像头，除了给予幼儿最基本的安全保障，主要还是为了拉近教师与家长的距离，增加彼此的信任度，利用移动互联网技术，让家长与幼儿园实现家园互动，进而了解幼儿在幼儿园的成长情况以及幼儿园的教育教学课程，配合幼儿园做好家庭教育工作，使家园互动更顺畅。

安装视频监控摄像头可满足幼儿园的多种需求，见表3-3。

表3-3　幼儿园安装视频监控摄像头的需求分析

需求1	视频监控摄像头能够满足家长通过手机随时随地了解幼儿在幼儿园的情况，及时掌握幼儿所有信息。
需求2	视频监控摄像头可以实现幼儿园管理者对教师与幼儿动态的实时监控，提升教学水平和办园质量。
需求3	视频监控摄像头支持同一个幼儿园里上百名家长和教师在幼儿园开放的时间内同时观看视频。
需求4	幼儿园可接入已装视频监控摄像头直播。
需求5	幼儿园视频监控摄像头支持教师、家长使用手机App、微信等方式观看视频，使用非常简单、方便。
需求6	视频监控摄像头支持幼儿园管理者对视频安全加密，禁止让第三方人员调取、查阅幼儿园的视频。
需求7	视频监控系统支持人脸识别、幼儿行为分析等功能。
需求8	视频监控系统能通过网站对幼儿园的园所风采进行展示。

管理数字化：让决策更科学，管理更精细

有了需求，在技术上如何实现呢？（见图3-5）

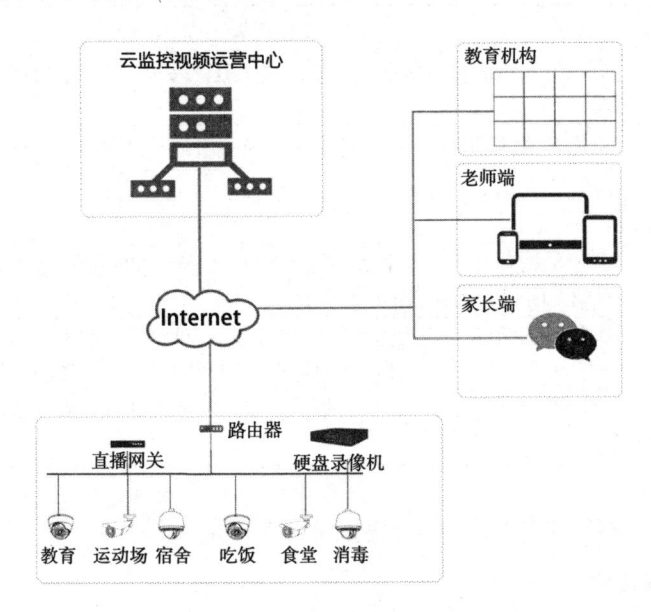

图3-5 幼儿园视频监控实施方案

视频监控就是采用高清摄像头设备，在教室、大厅、操场、厨房、走廊等地方360°无死角地监控幼儿园内人和物的安全情况，全天候监管幼儿园的安全。整个视频监控系统由手机端软件、幼儿园管理平台、幼儿园园区软件、家长客户端软件组成，根据幼儿园设定的视频开放时间段，幼儿园视频监控摄像头所拍摄的视频可让家长在IE上观看，不需要安装任何插件，保护了家长电脑的安全和信息的隐私。园长、教师和家长同时也可通过手机随时随地观看孩子在幼儿园生活、学习、活动、就餐、休息等图像，以实现家园实时交流、实时视频，见表3-4。

表3-4 幼儿园安装视频监控摄像头典型定位场所

场所	监控内容
休息室	幼儿的休息场所，可以让家长随时了解幼儿的睡眠状况和质量，以及休息时的各种情况。
教室	幼儿的学习场所，可以让家长了解教师的教育教学和幼儿的学习情况。
餐厅	幼儿吃饭的地方，可以让家长了解幼儿的饮食状况。
活动室	幼儿玩耍、活动的场所，可以让家长了解幼儿日常情况。

续表

场所	监控内容
园门口	幼儿出入幼儿园的地方，可防止幼儿擅自离园，让家长随时查看接送子女的人。
厨房	幼儿学习烘焙的场所，可让家长随时观看幼儿学习烘焙的全过程。
舞蹈室	幼儿学习舞蹈的活动场所，可让家长随时观看幼儿学习舞蹈的视频情况。
走廊	走廊是幼儿每天进出教室的必经之地，家长和教师可通过调取视频监控，对幼儿所受的人身伤害进行举证。
操场	幼儿参加活动、运动的场所，可让家长和教师实时观看幼儿的活动情况，当幼儿受伤时，家长和教师也可调取视频监控里的视频进行举证。
大厅	幼儿活动的场所，可让家长随时观看幼儿参与活动的具体情况以及每天上学的状态。

具体而言，视频监控的内容可分为以下两大方面：

（1）视频监控

幼儿园的视频监控摄像头在视频监控上可从以下方面发挥其最大的作用。

①幼儿园视频监控系统的远程遥控摄像机可以在白天及夜晚重点监控幼儿园的楼道、操场以及教室等局部区域，高清监控有异常行为的人员以及车牌的信息，可通过此视频录像进行取证。

②幼儿园视频监控系统让幼儿家长、保卫部门、园所领导、当地教育局等用户可通过手机、平板电脑、液晶屏幕等智能设备开通不同的查看权限。

③幼儿园视频摄像头支持幼儿意外伤害取证，可通过实时监控幼儿在园的一举一动，对所有监控进行录像，在幼儿园发生意外伤害事件时，可作为举证证据。

④幼儿园视频监控系统和幼儿园的日常管理系统数据相关联，可随时随地进行数据传输、保存，供家长、教师等调取和查询。

（2）周边防范

幼儿园的视频监控摄像头可对周边进行智能防范。例如，幼儿园的重点公共区域及一般区域，如围墙、楼道、水域湖泊、财务室、活动室和实验室的周边等。以围墙为例，围墙作为幼儿园安防的第一道防线，可防范园外人员的非法入侵，需要安保人员每天24小时对其进行安全保障，但是围墙范围大，安保人员响应时间比较长。因此，园外不法人员常常能躲避安保人员的视线轻松翻墙而入实施违法行为。这时，幼儿园则可设置电子围栏等设施设备，这些设施设备能与视频监控系统共同提升幼儿园安全防范的等级，从而对非法入侵幼儿园人员进行更高效的智能防范。

2. 某幼儿园安装视频监控实践：互联网+安防

以B幼儿园为例，该幼儿园共有300名幼儿在园学习，园所环境包括15间教室，一个大门以及一个操场。为保障园内幼儿和教师的安全，B幼儿园设计了一套有关幼儿园整体视频监控系统安装的实践方案。

（1）拟定系统结构

本解决方案利用三大电信运营商提供的网络，将数据进行传输，所有教师、家长以及园长均可随时随地在连接公网的情况下进行访问，不需要为系统建设专用的传输网络。除此之外，该幼儿园还提前拟定了系统结构，即从IPC前端到幼教视频服务器，再到幼教机构管理系统，最后到移动端App，构成一个完整的安防系统。

（2）设备选型

B幼儿园通过多方面对比，在监控系统后端设备选型上，选用某品牌的幼教视频服务器，采用NVR/DVR（网络视频录像机）+DVS（视频编码器）的解决方案，可供上千人同时在线观看视频。在监控系统前端设备选型上，可选用市面上第三方网络摄像头和全部模拟摄像头。接着，确定监控点位，根据实际情况在教室、操场、门口、走廊等监控点位上配置红外半球、红外机枪、红外球机等设备。

（3）带宽选择

视频服务器的工作原理主要是把本地视频数据上传到云端服务器上，师生和家长在登录服务器链接的设备后可以实时访问、观看视频。但要想确保画质清晰、视频流畅，园所在与运营商合作时就要核实并选择下载速度较快的带宽速率。

（4）视频解决方案

要想确保视频播放的流畅性，相关技术人员就要提前备好相应的视频解决方案。例如，前端设备在获取视频后，我们可以利用互联网和流媒体技术提升传输的效率。在现实生活中，我们常常看到数万人同时在线观看一场网络直播，同样都是采用了先进的数字化技术以实现视频不会出现卡顿的现象。因此，对于观看视频的流畅性以及连接速度的问题我们要"未雨绸缪"。

（5）系统管理

设备的高效运转离不开一套科学的管理系统。B幼儿园采用的系统无须安装软件，而是直接通过网页即可访问平台进行管理，并分时段、分区域对视频制订开放规则，既确保家长能及时看到想看的内容，又不影响其他家长观看时的速率。

（6）报警联动

此视频监控系统解决方案的幼教视频服务器可根据实际需求选择合适的设备配置，此功能模块支持所有设备相应的报警联动配置。

（7）幼儿签到考勤

一套完整的视频监控系统解决方案在一定程度上确保了园所的安全。B幼儿园的这套解决方案还兼具了视频开放权限管理、幼儿签到等功能，解决了考勤问题。

幼儿园作为幼儿生活的家园，加之园内的幼儿属于弱势群体，以维护幼儿安全为由安装摄像头并没有不妥之处。但在查看视频监控的限制条件上，还需要完善。例如，没有特定事件不可查看监控视频；有特定事件查看监控视频时需要登记身份并提供理由；监控视频只准查阅，不可复制和传播；等。

总之，幼儿园无论做任何事都要"有规可循"，只有"有规可循"，才可成方圆。只有成方圆，家长、社会才不再需要对幼儿园的安全问题过于担心。

二、保健管理：
数字赋能，打开幼儿园健康管理新模式

（一）晨午检机，幼儿健康的"专业督导员"

孩子将肩负着建设我国社会主义事业的使命，他们的健康决定着各个家庭、整个国家的未来。作为孩子们在启蒙成长阶段不可缺少而又非常关键的必经之境，幼儿园应该对孩子的卫生安全做好保障，然而当下的幼儿园卫生保健管理制度还不够完善，卫生保健工作的整体实施还尚有欠缺，不够具体到位。尤其在疫情尚未完全解除期间，预防疾病、控制传染源、防止幼儿之间交叉感染，提高幼儿对传染病的抵抗力，切断传染途径是保健工作的关键。

当然，幼儿园的卫生保健工作涉及多方面的管理内容，既包括卫生保健最基本的健康管理内容，如本章阐述的对环境的管理，以及对幼儿运动健康、饮食健康等方方面面的健康管理，也包括对幼儿日常生活的管理、卫生保健教育指导等这些更深层面的其他管理内容。我们以探讨数字化如何赋能保健管理为主，讲解学生晨午检机的运用。

1. 做好晨午检工作的重要意义

现在，很多幼儿园在幼儿晨午检这项工作上存在走形式，甚至故意编造晨午检记录的现象，究其原因，很多幼儿园内部从管理层到一线教师对这一工作都不够重视。事实上，幼儿晨午检应是幼儿园一日生活里必不可少的一个重要环节，同时也是保障正常开展保育保教活动的前提。

《幼儿园工作规程》[①]中明确指出，幼儿园应当建立晨检、午检制度，卫生保健人员负责晨午检工作落实。因此，对幼儿园各项工作来说，做好幼儿晨午检的工作意义重大。

晨间、午间检查，简称"晨检""午检"，是学校、幼托机构等集体单位为了加强防范传染病工作，保障幼儿健康安全而采取的一种重要预防措施。换句话说，晨检、午检的主要目的是防止幼儿将疾病及危险物品带入园所。这等于对幼儿的健康和安全上了一层保护屏障，既维护了幼儿健康，又保障了幼儿安全，具有双重意义。

（1）做好晨午检有效地维护了幼儿的身心健康

幼儿由于年龄小，身体没有强大的免疫力保护，稍有风吹草动，就有可能波及自身健康，因此，非常容易感染疾病。对幼儿进行晨午检不仅是园所的一项日常工作，更是疫情防控下，防止传染病的第一道防护墙。在对幼儿晨午检时，教师可依照"一摸、二看、三问、四查"的原则，通过用手触摸幼儿的额头和手心，了解是否发热；查看幼儿身体、手、足、口腔有无皮疹或疱疹以及精神状况如何；询问幼儿身体是否不适，尤其是传染病多发季节，是否已感染传染病；测量幼儿体温是否正常，及时发现患病幼儿，做到早发现、早报告、早诊断、早隔离、早治疗，使患病幼儿可以得到及时的隔离和治疗，从而防止传染幼儿园其他孩子。

（2）实施晨午检有效地保障了幼儿的安全

幼儿普遍具有年龄偏小、安全意识薄弱、好奇心重、自我保护能力差、缺乏潜在安全隐患防范意识等特点。因此，进入幼儿园时，幼儿很有可能将"带尖、带刃"的危险物品带入园所，这为幼儿园的安全管理埋下了隐患，很有可能会让自己或同伴受到致命的伤害。幼儿园教师如果能通过晨检及时发现这些危险物品，并妥善处置，才能最大限度地避免意外事故的发生，降低幼儿受伤害的概率。

---

① 《幼儿园工作规程》：经2015年12月14日第48次教育部部长办公会议审议通过，自2016年3月1日起施行。

（3）做好晨午检让家园沟通更顺畅、高效

家庭与幼儿园有效地沟通是家园共育的基础，教师可以在幼儿晨午检的过程中与家长交流有关幼儿近期的生活情况。例如，孩子近期在家里的表现如何？孩子的精神状态怎么样？让家长与教师能够更清晰地了解和认识到孩子身体以及心理上的变化，从而使家园沟通更顺畅、更高效。

2. 晨午检机，将考勤和晨午检完美融合

时代在更迭，科技在发展，在数字化转型后，幼儿园的各个方面都发生了天翻地覆的变化，晨午检工作也不例外。部分幼儿园已经引进智能晨午检机器来代替传统的人工晨午检工作，将原有的烦琐的流程简单化，降低了幼儿交叉感染的概率，减轻了负责晨午检教师的工作压力。

智能晨午检机器在对幼儿检测时仅需几个步骤（见表3-5）。

表3-5　智能晨午检机器的检测步骤

第一步	幼儿在晨午检时，需要拿着自己的接送卡在晨午检机刷卡区轻轻地刷一下，而这个接送卡是绑定了家长和幼儿信息的。
第二步	幼儿刷卡后，在晨午检机的显示屏上会显示幼儿的信息，同时需要幼儿进行人脸识别，以检验是否与正在进行检测的幼儿身份相符。如果人脸识别失败，说明正在检测的幼儿与接送卡上面照片不一致，晨午检机会对教师发出报警声音，让其检查幼儿是不是拿错了接送卡，或是人脸识别时是不是拍到了其他孩子。如果人脸识别成功，幼儿就可直接进行下一步测量。
第三步	当幼儿站在晨午检机上时，晨午检机会将测量到的幼儿的身高和体重信息显示在显示屏上。完成后，幼儿可以将手伸到刷卡区下面消毒机的凹槽内，消毒机在自动感应到幼儿小手之后，会挤出消毒液，幼儿只需用双手相互搓搓即可。
第四步	在这之后晨午检机开始自动触发对幼儿开启真正的晨检、午检工作，主要包括口腔、手部、眼部、温度的四大辅助晨检、午检项目。幼儿需要做的就是张大嘴巴、手心打开，在听到嘀嘀两声蜂鸣音后，检查完成。
第五步	在幼儿进行一系列的晨午检项目后，晨午检机器会将幼儿的晨检、午检检测结果上传至云端，并推送给家长、教师和园长，家长在微信上就可以随时轻松查看孩子的详细健康状况，使家园信息互通更顺畅。

在为幼儿检测口腔、手部、眼部的过程中，如果检测到有疑似异常情况，晨

午检机会自动触发指示灯和报警音乐。这期间,教师也可看到晨午检机显示屏上幼儿手、口、眼的高清照片,幼儿是生病还是健康便可精准判断。

在为幼儿检测体温的过程中,如果检测到体温有异常情况,晨午检机同样会发出报警声音,提醒教师注意查看幼儿身体状况。(见图3-6)

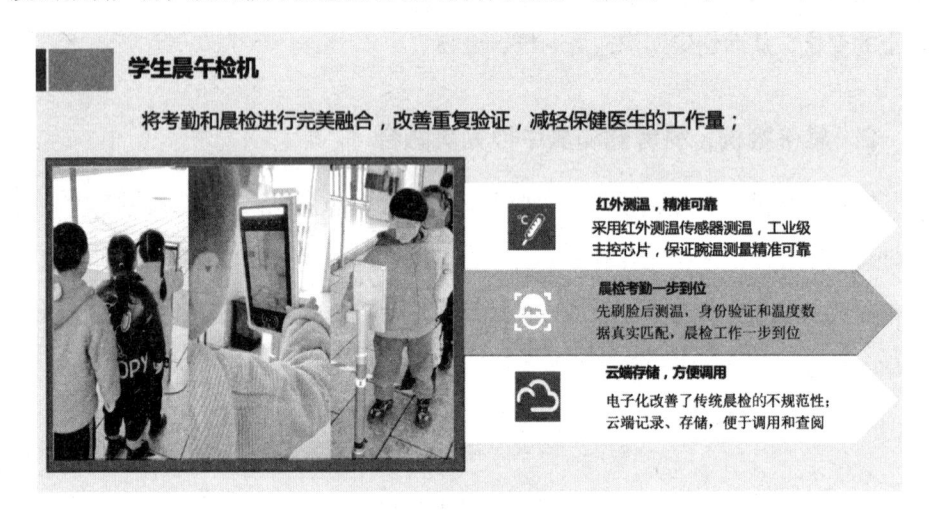

图3-6 学生晨午检机示例

由上述内容可以看出,智能晨午检机的应用将考勤和晨午检进行完美融合,优势十分显著。

在机器使用方面:

第一,幼儿先刷脸后测温,身份验证和温度数据真实匹配,使晨检、午检和考勤一步到位。

第二,晨午检机采用红外测温传感,内有工业级主控芯片,确保了对幼儿体温测量的精准可靠。

第三,传统人工晨午检主要是采用"一摸、二看、三问、四查"的方式对幼儿的健康状况进行检测,教师通过直接触摸幼儿的额头与手心来检查幼儿是否发烧感冒、患手足口病等症状,这样接触式的检测方式极易引发交叉感染。晨午检机则采用无接触式的检测方式,且幼儿可以在检测过程中洗手消毒,不但减小了交叉感染的可能性,还减轻了保健医生的工作量。

在数字技术应用方面,数字电子化改善了传统晨午检的不规范性。

第一，在传统晨检、午检的过程中，教师每天要检查的孩子非常多，不可能会记下所有人的姓名，因此常常会出现漏检和重复检查等现象。

第二，人工晨检、午检需要教师用文字记录，却没有图像，家长往往需要等待教师整体晨午检后发布结果，才可了解孩子晨检、午检情况，效率很低。智能晨午检机可以改善重复检查验证的现象，也可自动记录幼儿的晨午检结果，无须人工记录，实时将幼儿检测结果以图像、文字相结合的形式传递给家长，让家长通过收到的数据实时掌握孩子的身体健康情况。

第三，传统的人工晨午检在教师记录幼儿晨午检数据后可能会无存留，或存在查阅难的现象，但智能晨午检机在检测幼儿后，数据会在系统里自动保存下来，便于教师和园长通过手机随时随地调用和查阅，从而做好幼儿后期的积累分析和成长跟踪。（见表3-6）

表3-6 传统的学校晨午检记录表

班级：_____填报日期：_____填报人：_____

姓名	性别	年龄	主要症状							就诊情况		初步诊断	缺勤（天）	是否新发	联系方式
			发热	咳嗽	皮疹	腹泻	黄疸	结膜充血	其他	就诊时间	就诊单位				

由此可见，晨午检在幼儿园每日工作中占有不可替代的重要地位，它不仅在防控传染病传播方面起到关键性的作用，而且大幅度排除了安全隐患，避免了幼儿园里事故的发生，使幼儿在幼儿园里可以健康、安全地快乐成长。

一个看似不起眼的安全事故往往会给幼儿身体以及心灵上带来无比严重的创伤，也会给园所、教师带来负面的影响、压力，使园领导和教师都感到身心俱疲。因此，幼儿园应在整个园所和幼儿的安全上时刻做到警钟长鸣，同时也要提醒所有教师安全工作一定要做到位。在以满怀热情去迎接孩子们的同时，也必须重视每日的晨午检工作。"细节决定成败"，对管理的每个细节多上心，晨午检工作才能做得好，让安全在教师、家长、幼儿的心里牢牢扎根，助力幼儿园未来的保育保教工作开展得更加顺遂！

（二）智能填表，实时掌握疫情防控动态

2021年以来，疫情尚未完全结束，虽然除个别重点疫区以外大多数幼儿园已经彻底复学，但我们的安全防控工作依然不能松懈。

幼儿园属于人流量非常大的公共场所，尤其是幼儿的抵抗能力差，很容易感染疾病，所以，在这样的特殊时期，为了幼儿的安全着想，多数幼儿园都采取不允许家长入园探视的硬性规定。另外，幼儿缺乏防控意识，见到比较要好的小伙伴可能过去拉手或拥抱，甚至不洗手就碰眼鼻口、吃东西等，这些行为也有可能导致幼儿被感染。即使幼儿每日入园时保健教师都会采用一看、二摸、三问、四查的方式对其进行检查，可检查结果可能不会有效及时地传送给家长，甚至有时候家长收到的检查结果就只是幼儿的体温测量而已。当处于不能入园看幼儿，也不能随时随地了解幼儿的健康情况的两难境地时，家长们的内心自然就会感到惴惴不安。

为了更好地解决这个问题，幼儿园推行智能填表的方式，这种方式不但可以帮助教师和家长实时掌握幼儿园疫情防控动态和幼儿的健康状况，还可保证幼儿园保健管理工作的顺利开展，一举两得。

基于钉钉大数据的智能填表模式

提到钉钉[①]，大家都不陌生，它是我国领先的智能移动办公平台，可用于工

---

① 钉钉：阿里巴巴出品，专为全球企业组织打造的智能移动办公平台。

作协同并能够提高办公的效率，在数字化办公中起到至关重要的作用。目前，可实现智能填表的小程序和App有很多，在疫情期间我们使用的是钉钉智能填表并沿用下来。（见图3-7）

图3-7　钉钉智能填表示例（版本不同，略有差异）

钉钉智能填表的优势是：

第一，钉钉智能填表能够为幼儿园提供每日幼儿健康信息的采集模板，满足疫区及非疫区社会、幼儿园和家长对幼儿健康状况的追踪诉求。

第二，钉钉智能填表功能每日会提醒教师及幼儿及时进行填表上报健康信息，避免出现忘填的情况，确保百分之百的采集。

第三，钉钉智能填表功能应用图表式的采集统计方式，跟踪幼儿园教师和幼儿每日健康信息的上报进度，幼儿园的园长以及管理人员可一键导出报表，轻松掌握每个幼儿的健康情况。

通过智能填表上报疫情数据的方法也很简单：

（1）收到消息提醒，及时填写

钉钉智能填表功能将在每天的固定时间提醒教师、幼儿家长及时进行填表。教师、幼儿家长会在钉钉软件手机客户端收到提醒信息，填报步骤如下：

第一步，打开手机客户端的钉钉软件，找到幼儿所在班级的班级群。

第二步，单击进入之后，按下面的"填表"，再单击"待填写"里需要填报的表单，比如，幼儿家长可选择学生每日健康打卡，教师可选择员工每日健康打卡，单击"立即填写"。

第三步，进入需要填报的表单界面后，幼儿家长和教师需根据真实情况认真填写表单中的每项内容。

第四步，填写完成后，单击"提交"即可完成整个填报的全过程。

（2）收到提醒未能及时填报，可补录完成

幼儿家长和教师如果在收到钉钉平台发来的提醒之后，错过提醒或者忘记填表，也不用着急，可以在"工作台"完成数据补录操作。

第一步，打开手机客户端的钉钉软件，首先单击"工作台"菜单栏，再单击"智能填表"应用。

第二步，进入"智能填表"后，我们就可看到"待填写"菜单栏，点进去后选择补录的日期。

第三步，按照上面"收到提醒"的步骤进行填写、提交。

（3）修改已提交的报表

教师和幼儿家长在发现填报的表格内容出现错误时可进行修改，需要打开手机客户端钉钉软件的"工作台"菜单栏，单击"智能填表"应用，再单击"填写"一栏，这时，我们会看到上面出现"待填写"和"已完成"两个菜单栏，单击"已完成"后就可以对自己已经填报的表格进行查看，打开想要修改的报表，单击右上角的"我要修改"，修改后即可重新提交。

当然，伴随使用者需求的增加，钉钉智能填表的版本也在不断地更新，所以，智能填表不同版本的使用方法可能略有不同，但总体上大同小异，使用起来还是非常简单易操作的。

其实，除了东钱湖镇中心幼儿园，还有很多幼儿园在此特殊时期认真贯彻上级的疫情防控要求和指示，科学合理地判断形势发展，要求教师、家长、幼儿以及幼儿园的其他工作人员做到"少出门、不聚集"，并且能够利用数字化技术，通过钉钉智能填表、小程序等平台，及时有效地对疫情防控排查数据进行编辑、统计和分享，使疫情防控摸底排查的效率和准确率得到了很大的提升。

数字化赋能幼儿园防控管理，有利于幼儿园整体的疫情防控，彻底消除了家长过于焦虑的不良情绪，让幼儿在幼儿园祥和、清净、健康的环境中生活成长。

（三）儿童健康测评系统，伴随孩子成长的"人生电子册"

在面对"你有多了解自己的孩子？"这个问题时，很多家长可能会自信满满地认为自己是这个世界上最了解孩子的人，孩子的一切尽在掌握之中。然而，事实并非如此，大多数家长对孩子的了解还只是停留在表面，却很少知道孩子真正的内心需求。

全面了解幼儿是科学育儿的第一步。

我们已经在前面提到了1983年美国哈佛大学教育研究院的心理发展学家加德纳曾提出的"多元智能理论"。根据多元智能理论，每个孩子并不是只具备单一方面的能力，而是拥有多元化的智能组合。当然，在这些智能组合的能力中，也会有强弱之分。例如，有的孩子在音乐方面比较具有优势，在数学方面却比较弱；有的孩子在肢体运动方面具有较强的优势，在语言表达方面却比较弱。

笔者一直在思考，怎样既能测出孩子的天赋，同时又不会打击孩子的自信心呢？假如能有一款专业测评幼儿智力、运动、健康的系统，或可为家长了解孩子提供很好的方法。

1. 儿童健康测评系统——让我们更了解孩子

在我国，已经有很多幼儿发展测评工具上市，但这些幼儿发展测评工具多数都是直接翻译外国的数据表，其测量的数据很多时候不能与中国幼儿的真实情况完全匹配，存在一定的局限性。我们真切地希望，未来能有企业、科研机构研发出符合中国幼儿智能发展的测评工具，即儿童健康测评系统，这样才能测试出更真实的数据结果。

儿童健康测评系统

利用现代科学技术手段及智能设备科学地计算每个孩子的运动量，分析数据，促进锻炼，提高群体身体素质。

图3-8 儿童健康测评系统示例

如图3-8所示，这是我们"健康+"智慧幼教建设方案中的一项规划内容。这项规划内容主要是利用现代科技手段及智能设备科学地计算出每个幼儿的运动量，并对其数据进行分析，促进幼儿锻炼，提高幼儿的身体素质，同时让家长更加了解幼儿所具备的运动能力。

除此之外，幼儿园需要时刻绷紧安全防线，做好疫情防控工作。根据笔者团队多年的考察，了解到传统的人工测温、登记、点名，不仅消耗的人力和物力比较大，而且这些方式的效率很低，风险却很高。因此，为了提升幼儿园防控工作的效率，降低风险，急需一套智能体温监测穿戴设备以及一个智慧幼儿园防疫管理平台，实现智能化无接触式测温，守护幼儿与教师的健康、安全。

在设计智慧幼儿园防疫解决方案，研发幼儿园防疫管理平台时，可以以物联网云平台为基础进行研究和探讨。在智能体温监测穿戴设备上，智能测温手环可为入口，助力幼儿园完成测温工作，让幼儿园测温工作更高效，去除了人员监管难、测温数据统计难等弊病，随时随地灵活测温，大大减少了潜在的风险。

智能测温手环的应用在这一整套幼儿园智能防疫的方案里是最关键的一个环节。市面上的智能手环功能一般比较简单，我们更希望在未来可以看到有相关机构研发出集体温测量、运动步数、睡眠监测、心率监测等功能于一体的幼儿智能检测手环，也可以称作智能测温手环。

在我们的构想中，智能测温手环应该是可以实时监测幼儿的体温、睡眠、心率、血压等，也具备定位功能，在测量后会在后台自动生成数据并保存、分析，然后将数据推送给第三方平台，让家长和教师实时了解幼儿的健康状况。若幼儿体温有异常，智能测温手环会自动报警，给幼儿园防疫平台和家长客户端发出提醒，降低了人为接触交叉感染的概率，同时也解决了家庭和幼儿园之间的矛盾。

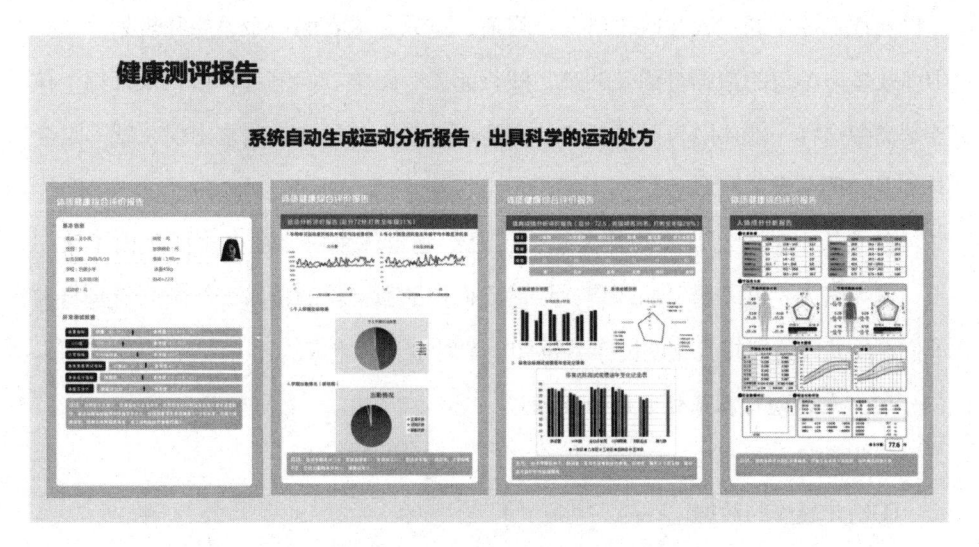

图3-9　儿童健康测评报告示例

如图3-9所示，智能测温手环将测量的各项数据传送到后台以后，后台会自动在线测评、分析并生成体质健康综合评价报告，使家长和教师可以了解到幼儿智力、能力、人格和气质特征等多方面的准确信息，根据系统所提供的运动处方、饮食处方等制订更适合幼儿成长的方案。

2. 基于健康测评系统的"人生电子册"——守护孩子成长的管理专家

幼儿园是孩子成长过程中的一个重要起点，他们的社会生活和学习生活是从这里开始的。在幼儿园的这段关键期，孩子的成长需要教师的悉心教导以及多方的配合，也就是说，这依赖于家长和幼儿园的同步教育。可是，人类大脑即使有再强的记忆力、计算力也比不上数据更精准更科学。为人父母，笔者习惯将孩子每天要完成的重要事情一一记录下来。当孩子成长到某一阶段，笔者同样希望能有一种方式记录孩子的成长。为人导师，笔者不希望由于自己的疏漏而让家长错过孩子在园里的一切信息。同时，笔者也希望当孩子们从幼儿园毕业后，与他们息息相关的重要健康信息依然能跟随他们到小学、初中、高中、大学甚至伴随他们一生。这样，一个人在儿时、年少时期的任何健康上的问题都会被及时记录，形成专属的健康档案。把他们不同成长时期的健康档案数据汇聚在一起，变成今后伴随他们一生的"人生电子册"。目前，这只是笔者的一个设想和规划，这其中涉及多方渠道的数据打通及共享，践行起来有困难。但笔者相信，未来每个孩子都需要这样一部伴随自己成长的"人生电子册"，只要有需求出现，就一定会有实现的那一天。

孩子从刚进入幼儿园的那天起，就已经向集体生活、社会生活迈出了第一步，作为"人生电子册"的开篇，目前我们借助数字化的技术，能做的就是将孩子们在幼儿园这短短几年的健康数据和重要时刻记录下来。

（1）记录幼儿在保健方面的数据

幼儿保健方面的数据包括：

①幼儿晨检的数据

幼儿每天入园时保健医生会对其进行晨检并将检查数据结果记下来。

②幼儿感染疾病期间的数据

幼儿由于身体抵抗力差，很容易感染疾病，如果不严重，幼儿园的保健医生可以对其进行治疗。幼儿在幼儿园感染疾病以及治疗状况的数据也会被记录下来。

③幼儿病愈后入园所需照料的数据

幼儿如果患有很严重的疾病，常常需要请假，而病愈后来园，教师需要按照家长嘱咐的饮食、药物等对其进行特殊照料，这些数据也会被记录，包括孩子姓名、药品名称、服药时间、服药的注意事项、家长签字等。

④幼儿感染传染病期间的数据

当幼儿感染传染病的时候，家长会提前告诉园长以及教师，幼儿园为防止传染病传播会立刻做好早发现、早预防、早隔离、早治疗的工作，同时进行记录。

（2）记录幼儿的综合健康数据

此外，"人生电子册"中记录的幼儿的健康数据包括：

①幼儿园的体检数据。幼儿园每年会对幼儿进行一次健康体检，包括身高、体重、肝功、视力、听力、口腔等项目，之后幼儿园的保健医生会根据幼儿检查结果进行分析与评价，幼儿园会将幼儿体检结果数据与保健医生的评价、分析数据都记录下来。

②幼儿病愈来园的病历数据。幼儿在幼儿期很容易感染上流行性腮腺炎、水痘、风疹、手足口病等传染病。当幼儿病愈隔离期结束来园时，幼儿园会请家长提供幼儿的病愈病志，保健医生会将其复印保存至健康档案。

③幼儿发生意外事件的相关数据。幼儿安全防范意识差，教师也有疏忽大意的时候。所以，幼儿在幼儿园很容易出现一些意外情况。幼儿园会将幼儿在幼儿园发生意外情况的整个过程的数据记录下来，存档。

（3）记录幼儿患病时期的数据

幼儿在患病时期，我们会记录幼儿所患疾病症状以及治疗的数据，例如：

①幼儿每天腹泻/呕吐的次数。

②幼儿咳嗽的次数。

③幼儿发热时体温的变化。

④幼儿感染传染病的时间、隔离的天数、治疗的天数等。

⑤让幼儿疼痛难忍，不能正常活动的疾病名称。

⑥幼儿受伤的时间、在家或医院治疗时间等。

孩子们走出家庭进入一个完全陌生的新环境，等待他们的是面对无数的新任务、复杂的人际关系、家长的期望、教师的严格要求，从心理到生理都会或多或少地产生一些不适，感到无比焦虑。

几十年以来，我国经济与技术迅速发展，教育体系也随之迅速发展。在这样的背景下，社会的需求正在发生变化，同样地，对幼儿的教育方式也需要做出改变，然而这并非易事，幼儿园数字化建设是一项非常艰巨的任务，但它值得我们为此付出努力。

虽然任务艰巨，不过，希望已经发芽。

三、行政管理：消除人、财、物、事的后顾之忧

（一）财务：审批系统让管理人员有条不紊地开展工作

近年来，我国人民生活水平的提高促进了我国教育事业的快速发展，在此背景下，幼儿园的数量也呈逐年上涨趋势，在规模上得到了一定的扩充。如今，绝大多数幼儿园很重视个性化的凸显，将孩子和谐、健康、全面发展作为建设目标，想要创办一所拥有一流教学环境，精育优教的园所。因此，幼儿园需要做好行政管理，增强管理的行动力和执行力，为幼儿打造更好的学习和成长天地。

1. 导致幼儿园行政管理不力的主要原因

在幼儿园规模不断扩大的情况下，学前教育领域越来越需要更多的专业人才。很多幼儿园的内部人员并不是受过专业训练的行政管理人员和幼教人员，因此也就不能进行专业化的教学和规范性的管理。在这种情形下，一些幼儿园的管理人员常常只是凭经验做事，很多问题就会日益凸显。例如，工作时比较重视领导的态度，而非用专业的视角去看待管理上的问题，这就会导致自己的执行力和行动力不强。

幼儿园的管理工作本就十分复杂，加上多数幼儿园缺少专业的行政管理人员、各部门职权划分不够明确，这些因素会对幼儿园的整体管理水平和办学质量造成很大的影响。所以，做好幼儿园的行政管理，需要将幼儿园的各项工作彻底有效地落实。

幼儿园的长效发展与进步需要好的行政管理作为支撑。首先，为了增强行政人员的管理执行能力，提升工作效率，幼儿园应采取有效的方法解决行政管理中存在的重点、难点问题；其次，幼儿园还应重视将责任划分明确化，提升行政管

理人员的综合素质与能力，提高决策的科学性等；最后，幼儿园可利用数字化技术对财务、后勤、人事等实施全方位的数字化管理，尤其是财务方面更应加以重视。

2. 把经费收好、管好、用好的财务管理系统

幼儿园的财务管理看似与园长的工作毫无关联。其实，幼儿园的财务情况是园长管理水平和成果的一种体现。财务分析是幼儿园财务管理工作中的一项重要内容，我们可以通过财务分析了解幼儿园的效益增收情况，不断进行总结与反思，让资金的使用更加清晰明确，为幼儿园未来发展与改革提供更好的评估和建议。然而，现实中每项工作的背后都会有许多不尽如人意之处，幼儿园财务分析工作也是如此。

其一，财务分析得不到园长的足够重视，很多幼儿园园长缺乏财务风险意识，日常对财务部门鲜少要求其根据幼儿园发展近况进行定期的财务分析。

其二，财务人员缺乏分析能力，对影响园所收入的内外因素、支出流向是否明确、资金使用是否科学等问题的考虑不够全面，总是在事后才会多加注意分析，这就让财务分析报告起不到应有的评估作用，不能准确找到财务问题的症结。

从财务分析工作中的问题，我们可以看出，幼儿园的整个财务管理工作中存在很多重点与难点，根据笔者的经验，财务管理人员可从以下五个方面来解决这些难题，以提高工作效率。

（1）前期预测

幼儿园园长和财务人员要对学前教育的行业特征和发展趋势了解到位，重视财务分析，将财务分析与幼儿园未来的发展策略有机地结合在一起。

幼儿园未来几年在策略上的一些变化，如加强资金投入，提高教师待遇，改造园所设施设备，等等，财务部门要积极给予最大的支持，主动为其提供向主管部门申请财政拨款、争取社会公益捐赠、提高幼儿收费水平等建议。除此之外，财务人员还应具备较强的风险防控意识，通过财务分析告知其风险，让财务分析发挥引导作用，科学有效地评估幼儿园改革发展中的利弊所在。

（2）中期监测

幼儿园财务部门在完成前期预测工作的基础上，还需要让会计进行核算以实现监督和监测的作用，使幼儿园管理和改革工作中存在的风险得到有效的控制和防范；财务部门也可将"依法理财、科学理财"作为核心内容，提升预算管理水平，增加资金使用效益。

（3）目标管理

所谓目标管理，主要指的是幼儿园财务部门依据时间的长短来制订近期目标和中长期目标，并按照所制订的目标发展来预测、筹措、支配、使用资金，以实现在计划时间内完成幼儿园近期、中长期的目标。另外，幼儿园还要对所制订的目标完成情况和资金使用情况进行定期分析，实行动态监控，让数字变活，为园长及时调整管理策略助力。

（4）合理监管

财务部门的监督作用也是非常重要的，主要是监督幼儿园资金的合法使用情况。财务人员在发现幼儿园个别领导有违反幼儿园规章制度，滥用、私藏财务资金等现象时，应该加大力度审查和监督资金的使用情况，并对其进行解释、说服和劝导，使他们尽可能避免发生违规违纪行为。

（5）终期评测

幼儿园财务部门应定期进行财务分析，主要是以会计报表和财务指标为依据，为管理策略上的决策做出合理的分析和评测。财务分析针对预算编制与执行、资金收入支出情况、公益筹入资金以及财务管理等情况，指出存在的问题和相应的解决措施。

可见，财务管理工作既繁多又复杂，让人感到摸不着头绪，那么究竟怎样做才能达到高效管理而不出错呢？此时，我们可以基于数字化技术，根据自己园所的实际情况引进一套合适的财务管理系统。

第三章 管理数字化：让决策更科学，管理更精细

报销、付款、采购、开票统统走审批，让财务管理人员有条不紊、循序渐进地开展工作

图3-10 财务管理系统的主要功能示例

如图3-10所示，是我们园所未来计划更新的一套财务管理系统。报销、付款、采购、开票统统走审批，让财务管理人员有条不紊、循序渐进地开展工作。该系统的主要功能和优势是：

（1）拥有精细化的财务管理方案

数字化财务管理系统能够全方位地把控幼儿园财务工作的各个环节，如根据班级制订教学、食宿等收费标准，可将其收费情况进行录入、修改、删除等，同时还支持查询功能，让园方可以明确幼儿的缴费情况。这种精细化的管理方案使幼儿园的财务管理更加清晰、规范。

（2）去除传统财务管理弊端，从细节入手让财务管理更高效（见表3-7）

表3-7 数字化财务管理系统与传统财务管理系统对比

数字化财务管理系统	传统财务管理系统
采用电脑打单，精准高效，封堵管理系统的漏洞。	手工写单，工作量比较大，错单、漏单、跑单现象频发。
更加高效、规范，幼儿园收支情况可以一目了然，存在问题减少。	缺乏防范，监管困难，存在很多管理问题，难以了解幼儿园的实际财务状况。
能够在线给家长发送缴费通知，家长通过手机App在线缴费，科学高效。	一般为家长线下缴费，这种方式费时费力，不利于园方管理，效率低。

119

(3) 收费管理

数字化财务管理系统在收费管理上，采用完全自定义收费方案、收费项目的模式，在幼儿家长缴费时，可以精准、快速收费、打单。本系统还设有多种财务报表，可供填写、统计资金支出、资金收入等，能够清晰、全面地展示幼儿园财务状况，让投资人、园长心中有数。家长可以在移动客户端完成在线缴费，费用直达幼儿园账户，既省时又高效。

(4) 退费管理

数字化财务管理系统设置有自定义退费审批功能，在接到退费申请时，可自动进行审批流程，审批通过即可自动退费，这项功能规范了幼儿园退费的管理工作；本系统将幼儿考勤数据自动对接收退费，不但能够将幼儿考勤数据实时推送给家长，改善家园沟通工作，还能实现考勤退费智能化结算。

(5) 记账管理

数字化财务管理系统根据幼儿园实际管理模式，自定义多级支出科目，每笔支出分为记账、付款两个环节，使应收、应付、未付的资金使用情况一目了然。另外，本系统还对幼儿园所有财务项目进行统计与分析，规避不合理支出，降低幼儿园的运营成本。

(6) 资产管理

数字化财务管理系统对幼儿园资产可进行科学化管理，支持多级目录结构。当需要动用资产请购时，申请人员可通过此系统一键申请，系统会自动逐级审批，规范了园方资产的管理流程；同时，幼儿园物品入库、出库时，本系统也可高效记录下具体情况，可供财务管理人员实时查阅。

有了数字化财务管理系统的帮助，幼儿园可及时发现幼儿园财务管理中的各项风险，例如，剩余资金是否充足，资金收入、保教和服务质量是否下滑，等等。这些异常信息会自动传送给上级，提醒幼儿园的园长以及财务管理人员及时加以关注，提前进行处理，让数字化财务分析为保障幼儿园的财务体系健康、有序运转保驾护航。

（二）后勤：物品进销存管理系统让仓管效率提升40%

1. 幼儿园后勤工作的重要性与复杂性

无论是公立幼儿园，还是私立幼儿园，都有可能在后勤管理工作中应用到物品进销存管理系统，也许很多人会感到好奇，为什么幼儿园也需要使用物品进销存管理系统？

兵法云："兵马未动，粮草先行。"这说明后勤保障工作从古至今都是一项非常重要的工作，幼儿园亦是如此。在幼儿园里，后勤保障工作是相当复杂的。从简单的锅碗瓢盆消毒到复杂的园舍场地的维修绿化，加上孩子们的吃、喝、拉、撒、睡等，无一不让人感到千头万绪。幼儿园日常需要进购毛巾、玩具、食物、课本等物资，这同样是幼儿园后勤工作中的一项内容，如果有了进销存管理系统的帮助，记录物资采购情况会比人工手写方便得多。

其实，幼儿园的后勤工作远比我们想象的复杂，尤其是幼儿园的后勤保育工作。它是整个幼儿园管理工作中的重要组成部分，工作内容包括照顾幼儿的日常饮食起居，保证幼儿生活环境的卫生安全，维护和完善保教设备，提供幼儿园人、财、物的要素需求，等等。这些复杂的后勤保育工作是需要大量从事各项事务的人员共同配合完成的。创建优质的生活环境、提升后勤保育人员的素质、经管好幼儿园的生活物品，以及完善幼儿的膳食搭配等，是管理好幼儿园后勤保育工作的重要因素。

在竞争环境如此激烈的今天，幼儿园要想更好地立足且稳步发展，就需要提高办园水平和质量，要在服务、特色、规范等方面具有明显的优势。拥有高质量、正规化的后勤团队是达成这些目标的制胜武器，那么怎样将后勤人员管理工作做好呢？

幼儿园在规范后勤人员管理时，一是要明确职权的划分，精确划定后勤各项工作的范围，无论是对人力还是物力的要求都应做好规划，达到标准化管理；二是按照不同岗位的要求制定相应的岗位责任和岗位目标，从细节上优化后勤工作，使之更规范化，更清晰化；三是落实岗位责任制，做到奖惩分明，后勤管理人员的工作非常辛苦，多劳多得、效率优先的绩效保障机制能够让后勤人员对此项工作更积极，更热情；四是数字化设施设备要配置齐全，利用数字化技术和资源提高幼儿园后勤人员管理的效率，加强幼儿园后勤建设，使幼儿园朝着更稳定的趋势发展。

2. 物品进销存管理系统：让仓管灵活化，提升仓管效率

幼儿园的后勤工作如此复杂、重要，进销存管理的重要性也就不言而喻了。进销存管理一直是多数幼儿园比较头疼的事情，它需要进行清查、盘点、登记等一系列琐碎、繁杂的工作。在这样的前提下，越来越多的幼儿园开始使用仓库管理软件。虽然国内进销存行业不够成熟，但各种各样的进销存软件非常多。进销存管理系统可以帮助幼儿园后勤人员更好地管理凌乱的物品，让后勤仓库管理工作提升40%的效率。

如图3-11所示，幼儿园的进销存管理系统在对物品的进销存管理过程中有很多优势。例如，后勤管理人员只需通过手机扫码就可轻松管理物品，提高仓管效率；系统可自动生成多种类型的报表，让数据一目了然；库存物品如果低于预警值，会自动提醒管理员及时补给；库存物品的数量随时可见，让管理层心中有

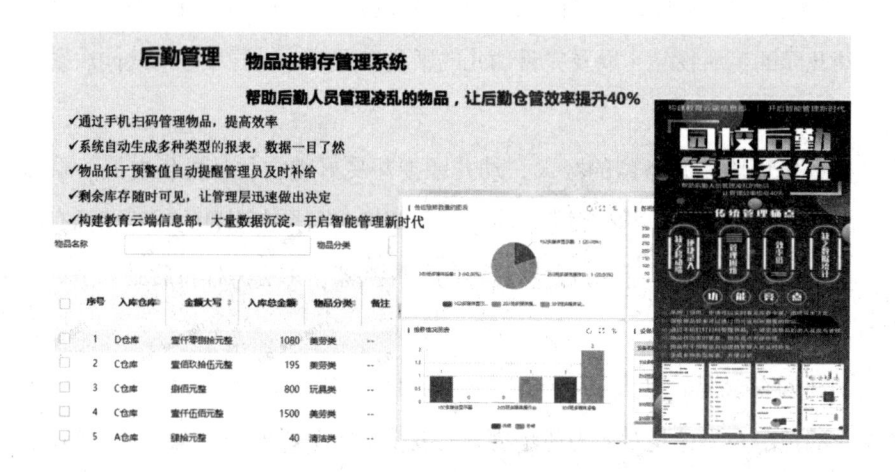

图3-11 物品进销存管理系统的主要功能示例

数,及时做出决定;系统还构建了教育云端信息部,能够将大量数据沉淀,真正开启了智能管理的新时代。

笔者经考察发现,某幼儿园采用的进销存管理系统具有一些功能,其功能如表3-8所示。

表3-8 某幼儿园进销存管理系统的功能

项目分类	细分类	功能
仓库管理	物品库存	幼儿园后勤管理人员通过进销存管理系统能实时看到物品进出的情况,随时调整策略。
	支持多个仓库	幼儿园进销存管理系统全面支持幼儿园仓库、第三方仓库以及虚拟仓库。
	自动统计	幼儿园进销存管理系统能够自动统计每件物品的进购、出库以及库存情况。
	同步盘点	幼儿园进销存管理系统可以更新盘点信息,与系统中的信息结果同步,随时关注盘点进展。
采购管理	订单生成	幼儿园进销存管理系统能够自动根据库存量生成采购订单,预测采购需求。
	采购退货	幼儿园进销存管理系统可以将不合格物品直接生成采购退货单。
	控制成本	幼儿园进销存管理系统可以有效管理所需物品的经销商以及制定补充物品策略,方便有效控制成本。
商品管理	库存分配	幼儿园进销存管理系统根据库存情况,设置物品使用规则,达到库存物品的合理分配。
	同步信息	幼儿园可以通过进销存管理系统为库存物品数据添加相应的属性,统一发布到系统前端。
	统一管理	幼儿园进销存管理系统可以对库存物品进行统一管理。
财务管理	实时对账	幼儿园进销存管理系统可以随时与每家经销商准确对账,让物品采购更加快速准确。
	账目明细	幼儿园进销存管理系统能够将进销存业务录入、审核后自动生成财务报表,使幼儿园及时掌握物品以及资金的使用状况。
	核算保障	幼儿园进销存管理系统拥有健全的成本管控体系,保证客户的基本成本核算需求。

续表

项目分类	细分类	功能
报表管理	统计报表	幼儿园进销存管理系统可以从不同维度进行统计，如物品使用率、退货率等。
	财务报表	幼儿园进销存管理系统可以方便统计订单采购费用等，形成财务报表。
	分析报表	幼儿园进销存管理系统可以对物品的数量进行排名分析、采购情况分析、库存情况分析等。

了解了幼儿园进销存管理系统的优势和功能之后，就要考虑如何选择进销存管理系统了。选择进销存管理系统需要注意些什么？

（1）选择符合园所使用需求的进销存管理系统

不同幼儿园日常的进销存管理情况也不同。幼儿园如果人数比较少，需要的毛巾、餐具、玩具等物品就比较少，使用的软件功能也就不必太多；反之，如果人数较多，就需要为了满足需求而选择功能较多的软件。因此，在选择进销存管理系统时，幼儿园要根据自己的实际情况进行考量，寻找符合需求的进销存管理系统，方便记录仓库物品的进出情况，例如，幼儿园可以选择华米软件科技有限公司开发的企格（优企SEP）管理软件系统。这套系统具有出库管理、ERP系统、财务系统、OA办公系统等多项功能，能够满足大多数幼儿园的使用需求。

（2）选择开发商具备足够实力的进销存管理系统

幼儿园在选择进销存管理系统时，开发商是否有实力是一个重要的决定性因素。市面上的幼儿园进销存管理系统的有些功能是需要收费的，因此开发商能否具备一直保证软件更新升级的实力这一点很关键。如果实力不够，幼儿园购买这个管理系统后，就可能得不到好的更新升级，体验自然也很差。笔者的建议是，在购买进销存管理系统时，幼儿园可以购买一些具有很多年开发经验的软件公司所开发的系统。

（3）选择进销存管理系统要注意售后服务

一个软件好不好，售后服务也是一个主要的考量标准，它能够帮助幼儿园解决很多在使用中发现的问题。同样，在选择进销存管理系统时，一定不要忽略售后服务。很多幼儿园在购买进销存管理系统之后，很有可能会因为系统功能太多，操作比较复杂，加上缺乏计算机使用知识，使用起来存在困难。这时，此进销存管理系统如果能有专业的售后服务人员解决使用中遇到的问题，在使用时就会更加容易。

进销存管理系统通过合理的库存平衡，将采购、入库与支付形成自动化的流程，实现资金流、信息流和物流的一体化管理，帮助幼儿园解决了进销存管理中的难题。同时，也让后勤仓库管理人员彻底告别人工手写数据的时代，大大减轻了他们的工作压力，让幼儿园的仓库管理"活"起来，努力将幼儿园创建成为具备规范化、个性化、数字化后勤管理的一流幼儿园。

（三）人事：智能人事让工作安排合理有序

任何事物的管理都要以调动人的积极性为基础，只有将人管好，才能进一步管好财、物、信息等。为适应新形势的发展要求，每一位幼儿园的管理者都应把科学、规范化的管理作为幼儿园未来发展的目标。人事管理是幼儿园管理中最重要的一个环节，直接影响幼儿园的各个方面的发展。做好人事管理工作，需要专业的人事管理人员守好本职工作，勤恳工作，多学多问，并在工作中勇于创新，不断更新观念，力求为幼儿园的人事管理工作打开新局面。

1. 幼儿园在人事管理方面存在的问题

随着移动互联网技术的快速发展，整个社会的发展也逐渐加快了节奏，也使幼儿园的管理面临更多新挑战，如图3-12所示。

①竞争激烈
幼儿园和教育机构越来越多，竞争越来越激烈。

②多样化、同质化
幼儿园教材和课堂在多样化的同时又趋向同质化。

③投入大、效果差
幼儿园管理营销投入越来越大，但效果越来越差。

④员工发生变化
幼儿园员工主体发生变化，90后越来越多，不好管理。

⑤期望越来越高
幼儿园家长的要求和期望值越来越高，沟通方式多样化。

⑥成本攀升
幼儿园经营成本在不断攀升，但利润无法持续上升。

图3-12 幼儿园管理面临的新挑战

幼儿园员工以90后居多，他们拥有与上一代不同的价值观、沟通方式、表达方式以及行为方式等。正因如此，如今的幼儿园人事管理可谓是困难重重。传统幼儿园人事管理面临的六大难题见表3-9。

表3-9 传统幼儿园人事管理面临的六大难题

问题1	幼儿园员工考核及制度缺少执行力，考核常常被搁置。同时，员工能动性不足，不能主动学习、请教，幼儿园领导找不到解决问题的对策。
问题2	幼儿园缺乏绩效考核制度，奖惩不够分明。优秀教师没有动力，后进教师在工作上得过且过，缺乏认真的态度。
问题3	幼儿园留人难。由于缺乏岗位责任制，优秀教师没有得到重视和奖励，于是选择跳槽。
问题4	幼儿园的考核走过场。教师工作不主动，缺乏责任心，领导吩咐什么才做什么，缺少积极的态度。
问题5	幼儿园的分配机制不合理。员工的工资虽然不断上涨，但是会有不满意的态度，福利、奖励达不到应有效果。
问题6	幼儿园的创新能力不足，教学质量改善不明显，家长满意度提升有限，想启动新项目很难。

从表3-9可以看出，传统的幼儿园人事管理方式已经不能适应数字化时代幼儿园改革的发展，一些人事管理中存在的漏洞也逐渐凸显出来，主要体现在以下几个方面：

（1）幼儿园人事管理缺乏招生手段，招生过程跟踪低效，转化率不高。

（2）幼儿园人事管理内部的传统档案查阅不方便，导致资料更新存在难度。

（3）幼儿园人事管理收费、退费流程杂乱无章，没有规矩，缺乏规范性的管理。

（4）幼儿园人事变动后，业务交接频频产生问题。

（5）幼儿园人事管理部门不能实时准确地掌握幼儿园的运营管理情况。

（6）幼儿园人事管理部门对家长服务效率低，让家长满意度下降。

面对这些幼儿园人事管理工作多年以来形成的问题，我们怎么做才能将它们彻底消除呢？

2. 让数字为人服务——移动互联网时代的智能人事

当科技进入数字化时代，幼儿园的人事管理也应进入数字化的全新时代。移动互联网时代的人事工作与传统人事工作相比发生了巨大的改变，见表3-10。

表3-10 移动互联网时代的人事工作与传统人事工作对比

人事工作得到改善	以前	现在
人、财、物、事透明化和可视化	人事管理部门每周花一天时间统计4张Excel表，制作人事报表给领导查看。	人事管理系统会自动生成智能分析人事表，领导随时可查看，省时又省力。
从烦琐的事务性工作中解放出来	人事管理部门每个月要在Excel表格中统计哪些员工要转正、哪些员工过生日等，事情多而复杂。	人事管理人员可通过手机轻松查看待办事项，工作安排有序。
带给员工更多便利	员工想要查看年假余额很麻烦。	员工通过手机上的人事管理系统可轻松看到假期余额，高效方便。

可见，幼儿园迫切需要一套基于人性洞察的数字化人事管理系统，利用移动互联网技术，让员工考核、分配问题得到解决，将员工和幼儿园的利益相结合，

从而提升员工的执行力，持续提升幼儿园的竞争力，促进幼儿园实施系统化、数据化、专业化、信息化、便捷化的管理体系。

如图3-13所示，幼儿园所采用的智能人事管理系统是由人员档案、通讯录、入职办理、转正管理、合同管理、离职管理、人事调动、教师考勤、假期管理等多个模块构成的，既可以让幼儿园的人事管理人员随时随地了解团队多维度的信息，又可以让员工通过手机自主办理入职、转正等，随时查看待办事项，方便有效，轻松实现人事管理，让工作安排更加有序。

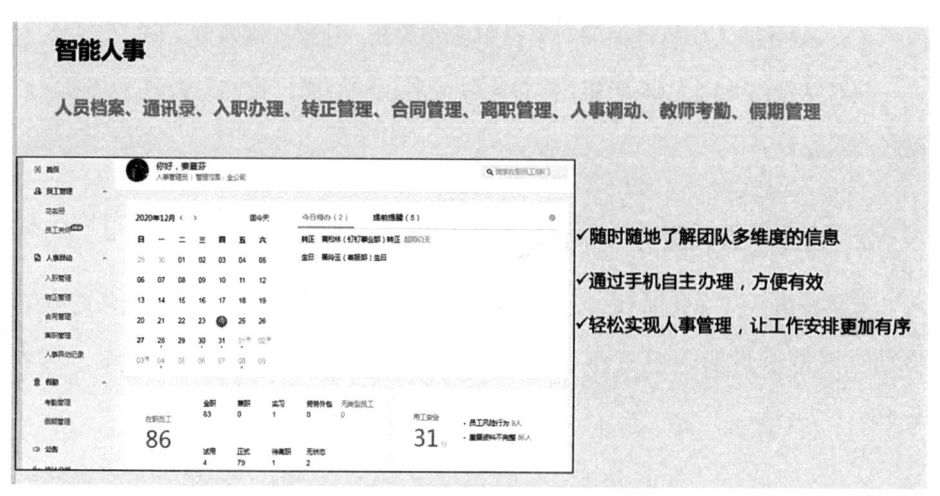

图3-13　智能人事管理系统（示例）

未来，在数字化幼儿园建设中，人事管理将成为一项主要规划内容。数字人事像个掌中宝，一切用数字来说话，将幼儿园的全部人事管理工作纳入其中，让数字服务于人事。在智能人事管理系统不断尝试运行期间，笔者看到了园所正在发生变化，身边的同事在默默为之付出努力。

变化一：执行力更强

在现实生活中，多数幼儿园虽然有比较好的制度和规定，但缺少教师的执行力。在一所幼儿园内，教师的职责是为幼儿传递理念和讲授课程。家长对幼儿园的感知和印象主要取决于教师的工作态度。教师工作时是否认真，家长可能知道，但用传统制度对其进行考核却很难。智能人事管理系统会将教师与幼儿园的利益相结合，让两者保持高度一致。当教师做了对幼儿园有价值、有益的事情时，系统就会给予一定的积分。积分的排名决定了教师的每项收入和福利，从而提升了教师的执行力，不再依靠外力推动执行。

变化二：教师更快乐

在幼儿园里，整个教学环境如果是紧张压抑的，教师工作时也不会由心而发地感到快乐，那么也就很难做到提升陪伴和教学的质量。幼儿园中多数教师是90后，在他们的心里，快乐是非常重要的。智能人事管理系统可以对教师设置积分奖励规则，只有加分没有扣分，让教师体验到智能人事管理系统带来的满满正能量，真正快乐起来。当然，最主要的是管理方式上的改变，改变了管理者说教和惩罚的方式，让其看到每个教师对幼儿园的贡献，挖掘每个教师的潜力，让幼儿园涌现出更多的优秀教师。

变化三：创新越来越多

华为创始人任正非说："让听得见炮火声的人呼唤炮火。"也就是说应该让听得见炮火声的人来决定炮火。

在幼儿园中，最了解家长需求的应该是一线幼儿教师，他们所做的决策对幼儿园的发展有着深远的意义。在传统幼儿园里，新项目的成功率很低，根本原因在于项目本身与家长的实际要求相背离，以及项目并非由教师主动提出的，这也导致教师没有成就感。但幼儿园智能人事管理系统通过不断完善幼儿园考核制度，激励教师从主观意识上积极创新、创造一些项目，让其不再需要领导带领着去被动工作。家长的需求被满足，幼儿园的办园质量就会提升，教师的收入也会提高，从而形成良性循环。

变化四：管理人员更尽责

对幼儿园的人事管理来说，安全管理是所有工作的前提条件。但安全涉及的范围广泛，仅靠园长和相关安保人员，即使大家再努力也可能有疏忽大意、顾及不到的时候。智能人事管理系统通过为幼儿园提供工具，使每位员工每学期平均能实现10项以上的改进。经过整个园所员工的共同努力，安全隐患不断被发现和排除，让安全管理更高效。

变化五：管理变得更简单

传统幼儿园的管理一般比较复杂，园长每天需要给员工开大会小会，应用各种方法来激励员工。除此之外，还会定期给教师做思想工作，想要为其排解压力和负面情绪，但往往起不到很好的作用。智能人事管理系统可以帮助教师学会"由外向内"看，实时进行自我比照，将教师所做的各项工作进行量化，按照天、周、月、学期自动生成排名榜。管理者会以各阶段的工作重点为依据来设定分值，让优秀教师干劲十足，让后进教师不断进行自我调整。

变化六：解放园长

所有优秀的幼儿园都有一个共同点，就是每个员工都会在自己的岗位上恪尽职守，在自己的能力范围内做好本职工作，使幼儿园发展得更好。但在现实中，很多幼儿园园长在做教师需要做的事，久而久之不但自己很疲累，教师也得不到成长。智能人事管理系统通过设计底层机制，让园长和教师逐渐回归自己的本职工作，提升了幼儿园的活力。

变化七：幼儿园更好地自我进化

传统的幼儿园就如同一块机械手表，看似各个部件都在精密地配合，正常运行，但只要有一个部件出了问题，就会造成整体混乱。智能人事管理系统将机械化的管理转变成为具有生命力和智慧的管理，让员工动起来，让幼儿园不断创新，充满活力，更好地发展。

幼儿园每一次改革、每一个新系统上线与试运行都是我们用无数的心血和汗水换来的。但为了数字化幼儿园建设长久稳健地发展，为了每个教师和幼儿心中的"数字梦"尽早得以实现，我们无论付出多少时间和精力都是值得的。

当然，"智能人事"绝不会成为限制我们自由的工具，也不是只有冷冰冰的人事管理数据。它像是一位领路人，时刻为我们指引着工作方向，也像是一个电子手册，记录着我们每天的工作轨迹，更记录着我们每天在幼儿园辛勤奉献的人生价值。

四、其他管理：技术促进全园工作流程协同高效

（一）家园互动：让家长及时掌握孩子的在园情况

笔者和团队在进行数字化调研期间，远赴各地数字化幼儿园试点学习。令人欣慰的是，笔者看到很多幼儿园已经在数字化教育教学上先人一步，从教师教学、幼儿成长到家长对教学计划的了解，都有配套的数字化设备对相应的业务进行管理。未来，以下数字化设备和模式，将促进全园工作流程协同高效运作。

1. 钉钉群直播、罗技视频——开启直播、会议新方式

2020年的一场疫情让全国学校的开学时间都被迫推迟，也让教师的教学活动和沟通会议从"线下"走到"线上"。尽管幼儿园无须面临升学压力，但不可否认的是，如钉钉直播群、罗技视频会议等在线沟通、教学方式是特殊时期依然能保证教育教学有效进行的方式之一。当然，不只是在特殊时期，这些数字化的教育教学方式同样适用于校园内的各项活动。因此，即便是疫情过后，这些数字化的沟通平台和学习方式依然被延续下来，如图3-14所示。

图3-14 钉钉群直播与罗技视频（示例）

首先是钉钉群直播，它是为教师培训、园所活动、线上会议等多种群直播使用场景提供的一种新功能，包括节日活动、员工培训、各类会议、异地巡店等直播场景。用户可借助此平台进行群直播，安全可控，方便快捷。具体功能和特色见表3-11。

表3-11 钉钉群直播的功能及特色

特色	功能
一键开启	钉钉群直播可支持在群聊中一键开播，让群聊瞬间变成直播间，同时也支持多群联播，让单次直播轻松覆盖多个群组。
设置简单	钉钉群直播无须烦琐设置，在手机和电脑端一键即可发起群直播。
安全可靠	钉钉群直播只允许群里的成员观看，避免直播内容泄露。
自动录播	钉钉群直播支持自动直播录像并进行保存，方便错过群直播的成员后续查看。

案例1　E幼儿园家长通过钉钉群直播回放功能观看了孩子六一儿童节演出

2021年的六一儿童节，很多幼儿园的小朋友希望自己的家长能够参加园所组织的活动。然而，对多数忙于工作或远在异地的家长来说，孩子们这种小小的要求都很难满足。

河南郑州E幼儿园一位姓刘的家长是一个网约车司机，每天早上7点就出车，晚上10点才收车，陪伴孩子的时间有限，更别说参加孩子的幼儿园活动了。但这次六一儿童节，刘先生通过一种特殊方式，实现了与孩子"零距离"。

刘先生说："以前，每当幼儿园组织活动时，我都没有时间和孩子共同参与，只有让其他参加线下活动的家长拍下照片或视频，才能看到孩子的一些活动影像，而现在孩子所在的幼儿园上线了钉钉群直播功能，不但可以看到孩子参与活动的直播，还能进行回放。有了这个群直播回放功能，只要有空闲，我就能够随时随地把车停下来，观看孩子在幼儿园参加活动的视频，太方便了。"刘先生第一次在钉钉群直播回放功能的帮助下，回顾了孩子在六一文艺汇演上唱歌、跳舞的表演，心里感到十分满足和幸福。

案例2　F幼儿园家长道出了钉钉群直播的安全性

家住杭州的林女士，是某公司的人事部管理人员，平时由于工作忙，没有时间参加孩子在F幼儿园的文艺晚会、公开课以及运动会等活动，总是感到既惭愧又遗憾。自从孩子所在的F幼儿园上线了钉钉群直播之后，林女士无论身处何地都可以轻松通过钉钉群直播实时观看孩子参与活动的情况，了解孩子在幼儿园的表现，如果错过了，还能够随时看回放，这让林女士深感欣慰。林女士还说："钉钉群直播的安全性是我最关注的。现在直播软件太多了，我最怕的就是泄露自己的身份信息，而这个群直播平台在使用时都是实名认证的，不仅保证了教师和家长信息的真实性和可信性，还保障了我们的信息安全，不用担心信息被泄露，让我使用更加放心了。"

当然，钉钉群直播除支持普通的群聊直播、演出直播以外，还支持会议直播，以优质清晰的画面和声音，为参与会议的教师提供操作简单、价格实惠的服务，打破了时间和空间的局限，轻松实现视频会议的召开。

2. 钉钉同步给家长的"一周计划"

图3-15是一所幼儿园使用钉钉同步给家长的"一周计划"。很多幼儿园为了让家长更全面地了解孩子在园的学习和生活情况，将钉钉作为家园互动的指定沟

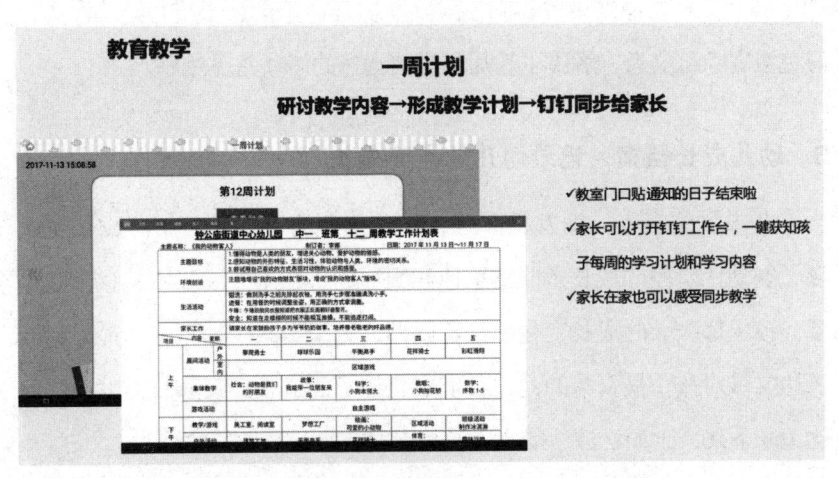

图3-15　钉钉同步给家长的"一周计划"示例

通平台，并通过钉钉将幼儿在园所的"一周计划"同步给家长，结束了传统幼儿园教室门口贴通知的模式，家长可通过钉钉工作台，一键获知孩子每周的学习计划和学习内容，让幼儿园与家长沟通更顺畅，同时也保护了家园人员信息数据的隐私。钉钉云同步的功能及特点，见表3-12。

表3-12 钉钉云同步的功能及特点

特点	功能
随时撤回	教师使用钉钉发消息，可以看到家长已读、未读状态，还可在24小时内撤回。
一键查看	家长可通过钉钉一键查看教师发送的消息，避免被无用信息干扰。
避免遗漏	家长可及时获取幼儿园的通知，还会收到单独的未读提醒，避免遗漏。
及时互动	家长在钉钉群里可以直接与教师沟通交流，接收或提交幼儿的画作或小手工作品，并随时查看教师的点评，以实现家长与教师的良好互动。

其实，越来越多的幼儿园已经意识到钉钉在家园互动管理上的作用，开始主动将钉钉引入自己园所的家园互动管理体系。钉钉特有的组织架构、已读、未读和DING消息等功能，便于教师轻松了解家长是否收到通知，是否已查看，使家园沟通变得更简单、纯粹。钉钉平台采用实名认证制度，确保了群内成员的安全性和可信性，家长可以设置访问权限以及屏蔽通讯录、手机号码等个人敏感信息，避免泄露隐私信息，解决了教师与家长沟通的一些常见难题。

3. 幼儿成长档案，记录幼儿的点滴成长

当许久未见的亲人、朋友见面时，首先感慨的可能是孩子的成长变化。的确，孩子在幼儿阶段的成长是非常迅速和明显的，在不知不觉中，孩子已经慢慢长大了。孩子每一天的成长变化都是不同的，为了给孩子留下童年最好的回忆，为了表达父母对孩子最真挚的爱，我们应将孩子的成长经历和日常发生的每一个小变化记录下来，比如，建立幼儿成长档案册就是一个较好的形式。

幼儿成长档案册是一款符合上级检查标准、满足幼儿五大领域记录的成长档

案，通过照片、语言、幼儿作品等方式记录幼儿的成长历程。家长都非常愿意参与孩子成长档案素材的搜集和制作，这个过程是家园互动的重要一环。

幼儿成长档案是对幼儿成长、发展综合分析后的整体评估手段，它可对幼儿未来的发展目标和发展方向提出建议，并开展引导与帮助。数字时代的幼儿成长档案包含更多内容，不再只是教师观察幼儿活动的记录和家园互动的手册。它记录了幼儿成长的变化，记录了幼儿智力发展的情况，同时也反映了幼儿的语言和认知发展趋势。它更像是一本幼儿健康测评手册，为教师以及家长提供幼儿成长过程的健康报告，促进幼儿个性化发展。

幼儿成长档案的建立需要教师、家长和幼儿三方合作、参与。幼儿成长档案要突出体现每个幼儿的个性化发展，记录内容要丰富多彩，使每个成长档案都独具特色，在记录幼儿成长过程的同时，也增进幼儿园与家庭的关系，如图3-16和图3-17所示。

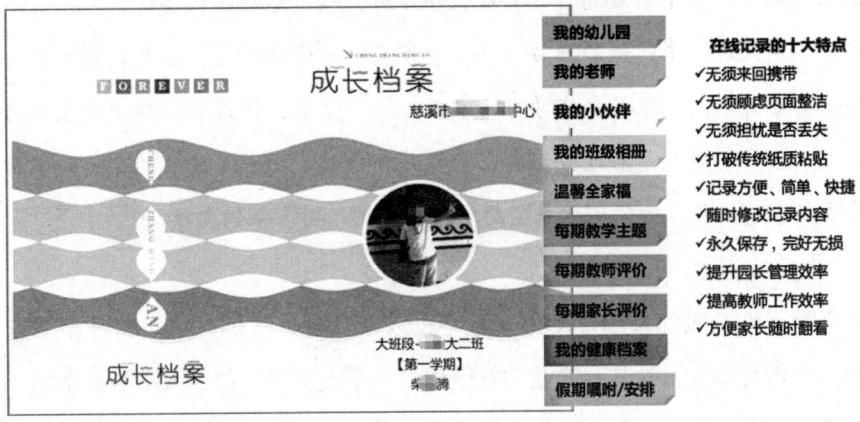

图3-16　幼儿成长档案示例

图3-17　成长档案记录页面示例

案例3　在一学期即将结束时，G幼儿园为每位幼儿准备了电子成长档案册

在一个学期即将结束时，G幼儿园在教师与家长共同搜集素材的条件下，为孩子制作完成了电子成长档案册，并将其推送给了家长，让家长可随时观看孩子的成长变化。当孩子们看到自己的成长档案时，心中感到无比喜悦，讨论得不亦乐乎："这是我两岁时候的照片，那个时候我好可爱啊！""这是我参加十一文艺演出的照片。""这是我在学习画水果。""快看，这是我刚刚过完生日的照片。"……他们争先恐后地分享自己的照片和作品，增进了彼此的交流和情谊。这些成长中的变化，给他们带来了对生活的自信与对未来的向往。

当然，幼儿园的家园互动方式远不止以上几种，我们只是研讨其中普遍存在的几种作为参考。幼儿园的业务管理如同一个大课堂，每个人都身处组织、活动、教育之中。未来，我们要做的就是继续借助数字化技术、集体智慧，整合资源，探索研发出更多类型的智能家园互动平台，让幼儿园的教科研质量登上一个新的台阶。

（二）文化宣传：公众号、数字屏、智能导视园牌、电子班牌的使用

在生活中，人们在阅读有关幼儿园宣传、报道、报告的内容时，经常会看到一个词语——校园文化。当然，也有不同的表达方法，如"幼儿园文化""园所文化"等，我们在这里统称为"幼儿园文化"。

所谓"幼儿园文化"，简单解释就是幼儿园里特有的文化。广义上讲，它是以幼儿为主体，以课外文化为主要内容，包括园领导、教职工，以幼儿园精神为主要特征的一种群体文化。看到这些解释后，很多园长和教师可能还会有疑惑：幼儿园文化具体来说究竟是什么？幼儿园文化指的是把幼儿园的景观建设得优美怡人吗？将园所的园训、理念贴在墙上就证明有幼儿园文化了吗？

1. 强有力的幼儿园文化是师生精神领域之魂

如果想彻底弄明白幼儿园文化是什么，我们还是要先从文化的概念谈起。

从古至今，文化的概念都是比较抽象的，不同研究者对其有过许多不同的解释。现在使用最广的定义是：文化是人类在社会历史发展过程中所创造的物质财富和精神财富的总和。它包含三个方面：物质文化、制度文化和精神文化。

幼儿园就像一个独立的生态系统，幼儿园里所有的领导、教职工和幼儿都要在这个生态系统中生活、学习、交流，始终维持着系统内部稳定的结构和秩序，并持续与外界交换物质、信息和能量。幼儿园在不断发展的过程中，必然会创造出很多物质财富和精神财富，这些都属于幼儿园文化。但幼儿园又与社区和社会单位不同，它是有针对性地为幼儿传输各方面知识的专业机构，所以幼儿园文化常常是以幼儿为主体，将文化育人作为向导，如图3-18所示。

图3-18 东幼幼儿园文化墙一角

今天，很多知名企业（如海尔）的文化都包含物质、制度、行为、精神四个层次。管理幼儿园有时就像经营一个企业，教师是员工，教学服务是产品，幼儿与家长是客户。不同的是，将这四个层次的文化渗透在幼儿园文化中，意义有所不同。

（1）物质文化

从字面上理解，幼儿园的物质文化就是指幼儿园中的教学、生活、环境设施，包括教室、办公室、活动室、操场、走廊以及在这些环境中的课桌椅、玩具、教学工具、装饰品，等等。凡是以物质形态存在的设施，都属于幼儿园物质文化的组成部分。

其实幼儿园的环境和设施不仅是幼儿教育教学的场所和工具，也可成为幼儿活动时的一种"隐形课程"和教育资源。例如，有些幼儿园非常重视幼儿的身心和谐发展，就会让其多融入和感受大自然；有些幼儿园比较重视园所室外活动场所的建设，就会让幼儿多活动，增强体质；还有的幼儿园比较重视摆放有品位的装饰品，从小培养幼儿的审美能力。这些都是幼儿园物质文化的一种体现，它深深地影响着幼儿园里的每一名成员，如图3-19所示。

图3-19 一草一木皆为文化（东幼幼儿园的文化氛围）

（2）制度文化

幼儿园制度文化的主要内容就是园所的规章制度、习俗等，包括园所的一日生活、教学规范、膳食管理制度、健康检查制度、卫生消毒制度，等等，这些都是幼儿园制度文化的重要内容。幼儿园所定的规章制度规范了幼儿园全体成员的日常行为，并慢慢形成了他们的一种生活、学习习惯。它是幼儿园教学、保育保健工作稳健运行的一种保障，促进了幼儿个性、品质、情绪、意志等方面的健康发展。

（3）行为文化

幼儿园行为文化是以"教学教养"为核心的生活和行为方式，包括幼儿园的园风、教风、班风、学风等。它主要体现在幼儿园举办的集体活动和个体活动中。开展什么样的活动、重视幼儿哪些行为的培养，都能看出一个幼儿园的价值和追求。教职工和幼儿的言谈举止、文明礼仪，皆可以将幼儿园的行为文化展现得淋漓尽致。

（4）精神文化

幼儿园精神文化是这四个层次中最高级别的层次。它涵盖的精神内涵是更深层面的，包括幼儿园的历史传统、生活信念、价值观等。它集中体现了幼儿园的本质、个性特点，是幼儿园文化的灵魂所在。幼儿园的精神文化与其他三种文化相互作用、渗透和补充，形成了一个整体性的群体文化系统，营造出具有幼儿园特色文化的育儿氛围，如图3-20所示。

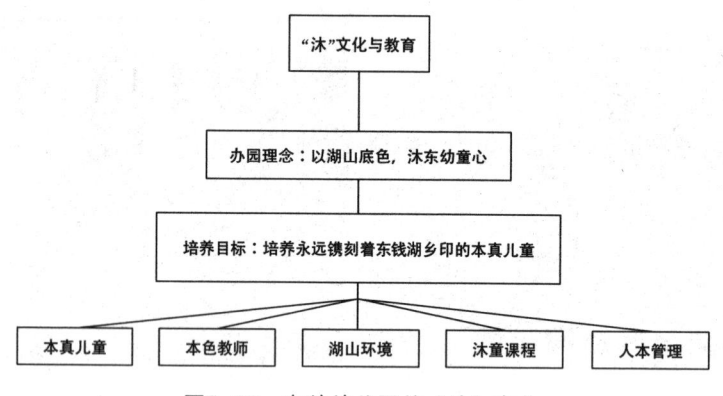

图3-20　东幼幼儿园的"沐"文化

2. 文化宣传：让文化"养料"渗透进内心的土壤

将以上四个层面的文化相融合，幼儿园便可拥有自己特有的文化。文化有了，接下来最关键的是如何宣传文化。好的文化宣传，能够让全体幼儿园教师、幼儿和家长了解园所文化建设的核心内涵，自发地认同幼儿园的价值观，从而将园所的文化扎根于每个人的内心。

宣传方式一：微信公众号

随着互联网的快速发展，微信公众号已经成为各企事业单位文化宣传的一种重要方式。在宣传幼儿园文化时，微信公众号可以为园所提供幼儿园微信公众号申请服务，还包括功能部署、二次开发、品牌推广、问卷调查等服务，能够多方位快速传递幼儿园最新动态信息，树立幼儿园文化和品牌形象，如图3-21所示。

图3-21　校园文化——微信公众号示例

幼儿园的微信公众号是文化和品牌的表现形式。幼儿园可以通过微信公众号让家长和社会了解园所的最新动态，包括特色活动、课程以及发展规划等，能够直观体现幼儿园文化内涵，提高园所品牌的知名度，提升家长、社会对幼儿园品牌的认可、理解和信任，如图3-22所示。

图3-22 东钱湖镇中心幼儿园的微信公众号

在设计微信公众号时，幼儿园要重视不断更新有关幼儿活动和课程的内容，因为阅读微信公众号的主要群体是家长。家长最关心的就是孩子在幼儿园的学习和生活。所以，幼儿园教师要有一双善于发现幼儿学习和生活中美好瞬间的双眼，将一些暖心的细节记录下来，以照片、文字相结合的方式呈现给家长，要突出体现对幼儿探究的全过程，并表明自己的想法和观点，让看不见的教育变成看得见的教育。

宣传方式二：数字屏

幼儿园数据数字化大屏是一套自主分析系统和解决方案，以图表、图形、动画等形式去表达数据和信息，让家长对幼儿的成长、发展了解得更加全面。

图3-23的数据数字化大屏具有记录每日接送、考勤统计、在园师幼情况、幼儿成长评价、运动数据等功能，在一系列的数据处理后能更简单通俗地被人理解。它应用可视化数据，凸显其新颖而有趣、充实而高效的特征，在进行幼儿园文化宣传时，使用数据可视化独特形式，吸引家长注意，调动他们的情绪，以实现传递幼儿园文化和价值的目的。这种以数据数字化大屏作为载体的宣传方式，便于为家长营造氛围、打造仪式感，未来将被更多地应用。

校园文化——数据数字化大屏

每日接送、考勤统计、在园师幼情况、幼儿成长评价、运动数据等

✓符合标准和规范的数据映射为可识别的图形、图像、动画甚至视频
✓使用数据可视化可以丰富内容，引人注意，调动人的情绪，传递文化和价值
✓可视化数据有着新颖而有趣、充实而高效的特征
✓以数据大屏作为载体，便于营造氛围，打造仪式感

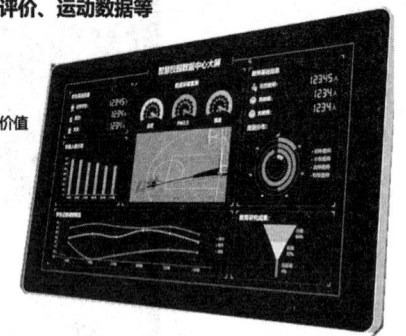

图3-23 校园数字屏示例

宣传方式三：智能导视园牌

新型的智能导视园牌就是在原有的智能园牌上增加了园区导视系统。图3-24是我们在Y幼儿园参观时了解的新型智能导视园牌。简单地说，导视系统是一种信息界面系统，它将环境与人的关系相结合。在幼儿园文化建设中，它主要发挥说明、指示、引导作用，对营造园所风格、环境布局有重要的作用。

幼儿园将导视系统植入园牌中，能够使园牌内容更显饱满，样式更新颖，使用更灵活，让园牌不再是简单的标牌，而是把幼儿园的品牌形象，以及园所环境景观、交通信息功能甚至媒体界面整合为一体的系统化设计。新型的智能导视

第三章 管理数字化：让决策更科学，管理更精细

校园文化——55寸智能导视园牌

新型的智能导示园牌，其概念就是在原有的智能园牌上增加了园区导示功能。导示作为校园文化建设的一部分，不但有引导、说明、指示的功能，更是环境布局的重要环节，也是营造风格、塑造文化的重要组成部分。将导示功能植入园牌中，使园牌内容更显饱满，样式更新颖，使用更灵活。

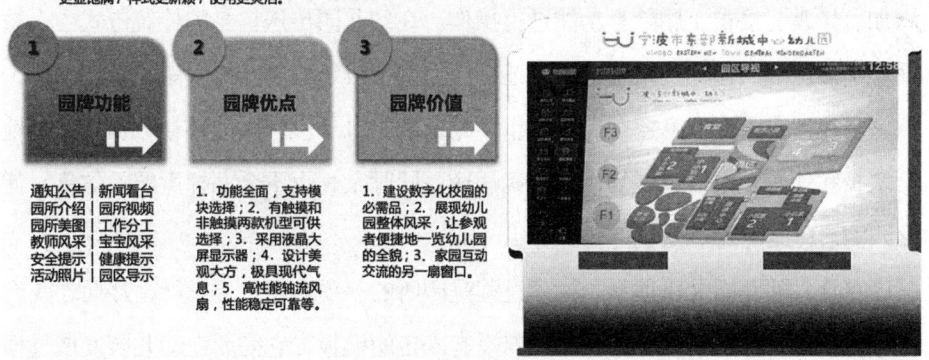

1 园牌功能
通知公告｜新闻看台
园所介绍｜园所视频
园所美图｜工作分工
教师风采｜宝宝风采
安全提示｜健康提示
活动照片｜园区导示

2 园牌优点
1. 功能全面，支持模块选择；2. 有触摸和非触摸两款机型可供选择；3. 采用液晶大屏显示器；4. 设计美观大方，极具现代气息；5. 高性能轴流风扇，性能稳定可靠等。

3 园牌价值
1. 建设数字化校园的必需品；2. 展现幼儿园整体风采，让参观者便捷地一览幼儿园的全貌；3. 家园互动交流的另一扇窗口。

图3-24 智能导视园牌示例

园牌能够让家长、教职工以及来访者清晰地了解幼儿园的整体区域构造以及地理分布情况，发挥其连接空间、指引方向的作用，准确地指引他们到达活动室、教室、餐厅等公共区域，使他们迅速适应校园环境。

宣传方式四：21.5寸电子班牌

Y幼儿园的园长还向我们介绍了他们使用的最新21.5寸电子班牌。该班牌是一款挂在教室门口或班级墙上的智能终端设备，是展示班级文化、发布信息和管理班级的有效工具，既改变了使用纸质粘贴互动栏的传统方式，也体现了班级文化建设的发展趋势，还能作为班播机器使用，成为幼儿园教师的新"宠儿"，如图3-25所示。

校园文化——21.5寸电子班牌

班牌十大功能
园所新闻｜园所公告
每日接送｜一周计划
每日餐点｜班级相册
教学内容｜育儿知识
我的小伙伴｜精彩60秒

图3-25 21.5寸电子班牌示例

电子班牌主要包括考勤记录、显示班级信息和课表，以及幼儿园的通知信息、班级文化展示等功能，教师只需在系统的电脑端登录，通过单击电子班牌的添加、修改、发布、删除等功能进行操作。在幼儿园传送信息的传统方式中，教师除了会用纸质通知粘贴互动栏，还会应用微信班级群聊功能向家长发送信息，但家长往往会因为信息繁杂而错过重要的信息。电子班牌则能够让教师更便捷地给家长和幼儿发布信息通知，并准确送达，同时家长也不会漏掉重要的信息，使家园沟通再无阻碍。

总之，幼儿园文化体系的构建过程是园所的一项高端顶层设计，然而幼儿园文化体系的构建以及文化特色的培养没有固定的模板，它需要在幼儿园发展过程中不断地挖掘，这样才能形成独特的幼儿园文化。置身于数字化时代，我们更期望看到未来能有更多的科技化智能设备和软件不断涌现，将幼儿园文化渗透到生活的各个角落，让更多家长和幼儿感受幼儿园文化，体会幼儿园文化真正的内涵。

（三）环境建设：打造真实有用的师幼幸福成长环境

幼儿园环境是幼儿生活成长的心理、物理和精神空间，也是非常重要的教育资源。它既为课程的创造提供了来源，又是课程实施的载体和结果，帮助幼儿成长、发展。幼儿园环境和幼儿园课程、幼儿发展能够相互补充，相互促进。

正因如此，幼儿园应该通过创建良好环境，为幼儿提供更优质的课程，促进幼儿全面发展。诚然，当今幼儿园的环境创建也存在内涵过宽、外延窄化的现象，需引起重视。

1. 环境建设的真正价值：真实、有用，而非"虚假的精致"

在践行幼儿园数字化环境建设时，笔者查阅并参考了大量国外的文献资料、先进的理念与经验，颇受启发。在英国，人们将观察、评价和计划作为核心实践框架，而这个循环始终以幼儿为中心，如图3-26所示。

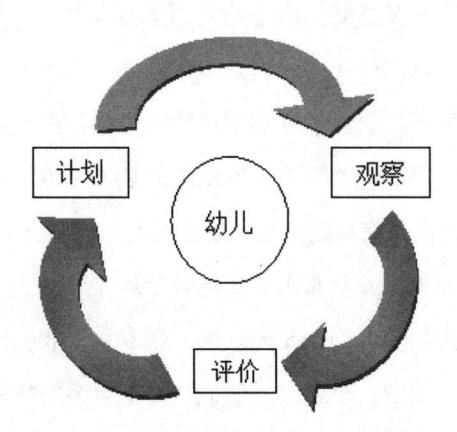

第三章
管理数字化：让决策更科学，管理更精细

图3-26 英国幼教的核心是幼儿本身

如果按照这个思路来分析，我国幼教环境创建过程中确实存在非常多的乱象。例如，过分追求"办园特色"，创建的环境华而不实。

通过幼儿园环境创设的实践，笔者在不断地思考：环境给幼儿带来的究竟是什么样的体验？环境创设的出发点是什么？孩子最需要什么样的成长环境？经过反复地学习、思考和研究，得出以下三个结论。

（1）"有用"才是孩子最需要的

新学期来临，教师本应该将更多的时间用在计划和思考上，但有些教师却为了创设新的班级环境而耗费大量的时间和精力，如此对教育是真的有帮助，还是徒劳无功？

举个例子，教师加班加点整理的花卉和墙上的绘画，孩子看了可能会漫不经心地说："这是老师画的，看上去还是挺好看的，给个小小的赞吧！"而一个周围只有两面墙和一棵树的角落稍微一装饰，却让他们不假思索地说："这个地方有用，这是我们平时玩游戏的基地，我给大大的赞！"

"有用"，孩子一语道破了两件事评价差异的缘由。的确，无论什么样的环境，对孩子来说只要有用处，就是好的。环境在游戏中的"用处"，在学习中的"用处"，在运动中的"用处"，才是最重要的。

（2）"有趣"才是孩子最想要的

在创设幼儿园环境的过程中，"有趣"也应成为一项重要因素。教师们应该在心中有一幅"地图",其重要方向是幼儿的学习和发展。教师可通过观察幼儿的一举一动,在地图上标注对应的评价以及定位幼儿的发展水平,之后再根据幼儿的发展情况和兴趣爱好,思考怎样利用环境助力幼儿成长。例如,幼儿园可引进小黄人自助借还机,用萌宠的形象引发幼儿的读书兴趣。其实,只要能引起幼儿的兴趣,并对幼儿的成长有益的环境,就值得幼儿园努力去创设。

(3)"专心"是打造专业幼儿成长环境的开始

笔者时常在想,为何国内的幼儿园众多,但专注专业的幼教实践的却很少?教师不够专心可能就是其中一个原因,他们往往把更多的精力放在了与儿童学习发展没有直接关系的评价及检查上,并非自身能力不足,只是缺少一个支持的环境。因此,从教师绩效到园所管理,前路依旧任重而道远。

英国幼儿园里可能没有明确划分教学教育区域,但这并不会妨碍孩子的整体发展。环境创设应体现教师独特的教学风格以及教育思考,教师只有足够专一,才有时间和精力去思考幼儿的个性化发展,才能彻底理解活动中自然性材料和开放性材料的魅力所在。

因此,幼儿园应更加重视寻找自己创设环境中的不足,使这些问题从根本上得到解决,从而让教师获得足够的思考时间,让幼儿感受完美的创造空间。

2. 重新定义幼儿园环境建设:一切从幼儿的视角出发

环境的创设往往体现一家幼儿园的教育理念、教学行为以及幼儿的生活状态。因此,幼儿园环境建设的价值不应局限于环境本身。从上面的内容我们了解到,英国的一切幼教实践都是以幼儿为中心的,因此我们应从幼儿的视角重新定义幼儿园环境建设。

我们在理解"幼儿视角"时可从教育者和幼儿两个维度进行分析。教育者可以采用观察、沟通、倾听、移情体验等方式,就幼儿在教育实践活动中的言语和行为表现进行分析,从更深层次去理解幼儿的感知、经验和行动。幼儿同样可以在教育实践活动当中充分表达自己的想法,这种表达可以是在学习过程中对自己的思考、想法等的自然流露,也可以是参与活动后有意识地自我总结和相互交流。

从幼儿视角看待幼儿园环境建设,我们应该积极主动加强对幼儿的关注和理解,也可在幼儿自我表达、自我体验与自我创造的协助下,完善和丰富幼儿园的环境建设。为此,我们通过对个案的研究,重新审视和定义幼儿园环境创设的本质以及价值。

幼儿视角1——"回归生活"与"亲近自然"

在研究幼儿园环境建设的案例中,有这样一个小案例令笔者印象很深。H幼儿园为给孩子提供一个优质的教学、生活环境,不断进行建设改造,所采用的方式是让幼儿共同参与进来。这所幼儿园的园长这样说:"我们建设环境就是为了孩子,所以就应该尽可能地满足所有孩子的需求,他们想要'飞',我们就为他们在楼顶创建一个空中花园;他们想要骑电动车,我们就在园内为他们添置了适合他们这个年龄段的电动车,所以也有了后来的雨水花园、游戏台等。"

在这样的环境建设里,幼儿成了"设计者",并拥有很大的建议权,所有的材料不必拘泥于固定格式中,可随着时间和季节的变化随时改变。有时候,成人以为的适合幼儿的环境、色彩等,并不一定真正适合幼儿。所以,如果我们能够从幼儿视角去看待问题,与幼儿沟通、讨论,从幼儿的需求出发,就能在环境中浸润幼儿的灵魂。

幼儿视角2——"幸福感"与"生活化"

幼儿园的环境离不开与人类的互动。真正幼儿视角下的环境设置主要还是依靠幼儿构思来构建。

对幼儿来说,他们之所以要获得未来学习、生存的能量,不是想要掌握更多的知识,而是要感受到满满的幸福感。因此,在创建幼儿园环境时,我们可以暂时将自然因素和文化因素放在一边,从哲学层面来思考,每个人来到这个世界上的生命本质意义是什么?只是教育吗?只是学习知识吗?都不是,我们做一切事的本质意义都是为了获得幸福感。幼儿幸福感的核心,见表3-13。

表3-13 幼儿幸福感的核心

幸福感的来源	幸福的具体表现
来自自我的内在强大力量	幼儿常常内心有疑问："我是谁？"当想到自己是个宝宝，被周围所有人宠爱时，就会感到很幸福。
	幼儿还会疑惑，"我想成为一个什么样的人？"当想到自己的梦想和努力目标，且距目标越来越近时，也会感到幸福。
	"我能为这个世界创造什么？"这同样是幼儿经常思考的问题，当自己完成一件事，比如画完一幅画，完成一个手工作品，学会一道简单的烘焙等，就会感到无比得意和幸福。
来自对应环境对幼儿发展的构建	"幼儿获得学习经验的目的是什么？"事实上，幼儿获得学习经验的目的就是拥有幸福感。
	"在经验形成过程中，幼儿是如何形成自我概念的？"幼儿是通过对自我、对创造、对动机的探寻和自我意识形成自我概念的。
	"自我概念是如何帮助幼儿进行自我创造的？"自我概念是通过从幼儿出发，与幼儿进行对话的方式来帮助幼儿进行自我创造的。

每个幼儿都需要环境来提供经验，而经验背后是幼儿对自我、对创造、对动机的探寻和自我意识。这才是"幼儿视角"下环境创建的本质。

幼儿视角3——"满足感"与"数字化"

对于"幼儿的理解"，很多人往往认为就是要体现幼儿的特点。但是，这还不够完全，"幼儿视角"不仅指从幼儿的角度理解他们的想法和做法，还包括为幼儿提供真实的表达、创建和自我展示的机会，帮助他们实现愿望。例如，让喜欢读书的幼儿自主完成借阅图书的过程，便捷、简单的数字化操作模式既满足了幼儿自我达成一个目标后内心的满足感，又让幼儿实现了自助借阅，一键归还。这样的数字化建设才是有意义的。

目前，为了打造一个富有书香气息的数字化幼儿园，很多幼儿园在园所的一些角落里添置了小黄人自助借还机，方便幼儿借还书。也有个别园所不走寻常路，在教室和幼儿园的图书角增设了24小时微型图书馆。这些方式都丰富了整个幼儿园的阅读文化。

小黄人自助借还机的外观设计主要源于小黄人的经典卡通形象，很符合幼儿的喜好。在幼儿操作时，自助借还机可在每个功能下为其进行生动的指引，幼儿仿佛与另一个人在对话，让幼儿可自主完成绘本等图书、报刊的借阅。还有一键归还功能，从小培养幼儿有借有还的观念，养成良好的行为习惯，为幼儿营造了智能化、人性化的阅读环境及学习环境。

自助借还机采用上下双屏设计，支持证件识别、二维码识别、人脸识别多种借还方式，而二维码识别和人脸识别功能帮助幼儿彻底解决了传统借书证容易丢失的问题，不但打造了多元化的阅读资源和阅读体验方式，还打造了幼儿园图书借阅新模式，打造家园同步教学新方向。为了保障图书资源的安全，有些园所还对机器进行了升级，安装了24小时不间断实时监控系统，让师生用得放心，让园长管得安心。

当然，良好环境需要人与环境相互作用。幼儿园的环境创建就是要让幼儿成为主导，通过沟通、交流的方式来共同完成。它是一种创新的、发展的过程。幼儿与环境之间的关系最终展现的是幼儿、环境与数字化时代共同发展、共同创造的和谐过程。

衷心希望未来幼儿园少一些用成年人的思想建设起来的"棱棱角角"和"规规矩矩"的环境，更不是用数字技术堆砌起来的自娱与精致，而是所见多体现孩子们的创意与自信。

第四章
教学数字化：让学习更高效、更快乐

　　如今数字化普及程度越来越高，传统教学模式正在悄然变化，教学数字化已是大势所趋。学前教育改革将数字技术应用于课堂，以教学视频、会议为载体，互联网为媒介，充分发挥数字化在教学中的作用。多元化的数字化教学开阔了幼儿眼界，让幼儿在欢乐的氛围中汲取知识的养分，提高了学习兴趣和实践能力。

　　幼儿园教师是幼儿思维的引领者，那么教师面对不断兴起的数字化教学模式，该如何适应并运用呢？

一、幼儿园试行数字化教学的变革路径

（一）迈向教育新时代：借助数字化促进幼儿教学

数字化教学打破了传统教学模式的束缚，能更好地激发幼儿的求知欲，提升教师授课效率和幼儿学习质量，让教育更具时效性和针对性。一场突如其来的新冠肺炎疫情加快了教师应用数字化教学模式的节奏，教师纷纷开始化身为"主播"，尝试适应并应用线上授课和管理。幼儿园积极响应国家政策，认真做好延期开学期间"停课不停教、不停学"工作，为园所幼儿提供学习资源和线上教学服务。

很多家长、幼儿和教师，在毫无准备的情况下开启了数字化教学大门。从起初的排斥和抱怨，到后来的适应与配合，再到恢复线下上课，经历了长期的线上课程学习，家长和幼儿对线上教育有了更深刻的认识。幼儿园没有繁重的课业负担，但也会在线上和家长积极沟通，幼儿的教育场所变成"家庭"，幼儿的学习和发展更多通过"亲子陪伴"完成，并以数字化形式呈现给所有家长和教师。孩子们积极效仿，努力学习疫情防控知识。教师每天有计划地和班内幼儿沟通，让幼儿充分感受教师的关爱，让家长消除疫情期间幼儿何时复学的困扰。

从某种意义上说，在疫情催化下，我们已经迈入了全国数字化教育的新时代，当然这与全面数字化教学时代还相距甚远。随着疫情缓解、学生复学，我们更应该思考，如何利用数字化教育改变幼儿园的教学模式，不再把文字、图片生硬地展现在教材上，而是利用图片、声音、视频一体化教学，增强幼儿的学习体验，让幼儿更加主动、积极地投入学习中。

1. 教学上的创新尝试：数字化教学实践

案例1　W国际幼儿园数字化汉语教学课

W国际幼儿园非常重视汉语的学习，聘请两位专业的汉语言教师教授幼儿汉语。这些幼儿的母语多为法语，孩子们不会英文，也只能模仿教师说的词语，非常拗口，无法理解词义。再加上年龄小很难集中注意力，虽然教师用了多种多样的教学方法，例如唱儿歌、做游戏、画画等，但结果都不尽如人意。

针对这种情况，该幼儿园积极引进数字化教学模式，首先利用投影仪将手机画面投放到荧幕上或者墙板上，然后利用手机中的"你好中文"软件辅助教学。该软件自带中法翻译对照功能，能够对所学汉字进行描述，再结合视频和图片以及音频教学，幼儿能够更好地看到汉字笔画演示，理解汉字的本意。例如，在课前准备好《小兔子乖乖》的中文故事动画片，孩子们跟着视频能够直观地理解"小兔子""门""眼睛""耳朵"等词语，教师也方便用手机随时暂停新授内容，让孩子们更好地理解这个词语。最后还有游戏操作环节，孩子们都踊跃参与。幼儿在开心、轻松的氛围中巩固了所学知识，教师也以此检验了幼儿的学习成果。

其实，很多幼儿园受当地客观条件的限制，几乎很少有数字化的教学实践。W国际幼儿园用手掌大的投影仪代替了传统笨重的投影方式，通过数字化的讲故事模式，真正实现了随时可移动的数字化教学。

案例2　Q实验幼儿园的数字化创新尝试

Q实验幼儿园作为数字化试点单位，更加注重数字化教学实践，欲建设一座智能化的绘画馆。

首先，积极探索信息技术与幼儿教学深度融合。通过对园内教师多次考评，选出优秀教师参加市级评比，组织教师观摩学习，在提高教师信息化水平的同时，调动了教师学习信息技术的积极性。

其次，尝试开展一系列与信息技术相关的培训活动。聘请专业教师向大家介绍"微课""录制准备"等信息化内容，通过现场示范、录制准备，对微课制作、剪辑、后期调整加工进行讲解，通过实际操作，用生动的语言、精练的内容、清晰的描述，由浅入深地向大家传授了微课制作的全过程。

随着Q实验幼儿园开展的自学研究和专业培训，教师对微课制作和数字化白板应用更加自如，幼儿园数字化教学的作用日益凸显。

(1) 激发幼儿的学习兴趣

幼儿对抽象事物的理解难度较大，发展幼儿的具体形象思维的思考能力是激发幼儿学习潜力的重要途径。数字化教学模式比传统教学模式的表达形式更加形象直观、丰富多彩，游戏互动还能提高师生参与度。这样的教学模式更能调动幼儿的学习积极性，引导他们自主学习，激发学习兴趣。

(2) 提高幼儿的学习质量

数字化教学课件以欢快的音乐、鲜艳的色彩、动感的画面，营造出了美妙的教学环境，这种情景虚实结合，远近有度，快慢交替，大小转换，可以让幼儿边听边想，边看边学，容易引起幼儿的情感共鸣，让幼儿有种身临其境的感觉，真切感受所学的知识和事物。

(3) 符合幼儿的认知特点

众所周知，幼儿都以无意识注意和无意识记忆为主，所以我们在幼儿园经常看到，在课堂上，教师只要说："小朋友们，我们要看电视啦！"孩子们就会瞬间安静下来，乖乖坐好，瞪大眼睛等着教师打开电视，播放自己喜欢的节目。电视画面生动多变，鲜艳动感，很容易刺激幼儿的感官神经，引起幼儿高度注意。其实，数字化教学就好像播放动画片。心理学研究表明，如果我们能将记忆的知识点与幼儿感兴趣的事物或者活动联系在一起，那么幼儿的大脑就会不由自主地产生积极记忆的意识，记忆的效果就更好。数字化教学能够把较为抽象的事物具体化，用动态画面将难以理解的事物展现出来，更便于幼儿感知和记忆。

2. 提升幼师数字化教学能力的路径

幼儿园要想顺利开展数字化教学，首先需要提升教师数字化教学的能力。但数字化教学只是一种教学手段，就像教师上课是用记号笔还是粉笔一样，完全可以根据自己的喜好使用，无须强求。每位教师都应找到适合自己的教学方式和方法，逐渐向数字化教学靠拢。

近年来，为满足师生对数字化教学模式的应用需求，数字化教学工具如雨后春笋般涌现。教师应利用多元化的教学工具，促进幼儿发展，提升教学质量。

（1）一体机

数字化教学一体机具有高性能的集成性，运用灵活，使用便利，是功能强大的教学设备，可支持基于传统教育构建现代化的教育空间，提高教学效率。

（2）电子白板

其实，早在几年前，电子白板就已经广泛应用于国外幼儿园的课堂教学中。与传统黑板相比，电子白板更加洁净、智能。对幼儿来说，可以随时随地用手指在白板上画图；对教师来说，可以通过简单的手指操作，实现智慧课堂的探索，充分体现幼儿在学习过程中的主体地位，在满足不同幼儿学习需求的同时，让孩子们越学越快乐。

笔者在考察期间，曾有幸在杭州一家幼儿园听了一堂公开课。该幼儿园教师就巧妙运用了电子白板这种"神奇"的数字化工具，为我们展示了一堂妙趣横生、别开生面的公开课。课堂上，电子白板很快吸引了孩子们的注意力。笔者现在仍记得那一双双好奇的眼睛始终紧盯白板，孩子们抢着回答问题，"我能认出哪个是方形""让我来画一个圆圈"……开心的笑容在孩子们如花般的脸上绽放。看到孩子们学得轻松愉快，教师增加了教学的信心，而这种生动有趣的新型教学模式也得到了家长的一致认可。

（3）三大平台

目前，已广泛被人们熟知且运用的三个通信平台是微信、微博、QQ。它们的功能侧重点不同，大部分教师和家长会使用。例如，微博、微信可以对幼儿进行追踪，通过数据分析幼儿心理偏差的原因。QQ通常用于接收较大的文件，建立QQ相册保存活动照片等，与微信配合使用。无论应用哪种沟通方式，教师都可以第一时间将孩子普遍存在的问题、在园所发生的事情告知家长。尤其是孩子的异常行为及心理问题，幼儿园应和家长及时沟通并寻找解决问题的最佳路径，这样才能对幼儿进行有的放矢的教育。关于家园的数字化沟通，将在后面章节中详细阐述。

在此，希望未来能有更多的幼儿园向案例中的幼儿园学习，让数字化教学真正落地，通过更生动、多彩、充满趣味性的教学模式，让幼儿在轻松、愉悦的氛围中高效学习，快乐成长！

（二）重新认识幼儿园数字化教学

如今，数字化教学发展得如火如荼，然而它却是一把双刃剑，需要我们从实际角度出发，遵循幼儿认知的客观规律，及时发现和解决问题，努力追寻最正确、最科学、最理想的数字化教学发展道路，这样才能最大化地发挥数字化教学的作用。

1. 数字化教学普遍存在的问题

相较于传统教学，数字化教学的课堂更具直观性、趣味性，能够突破教学难点，让幼儿在轻松的氛围中获取知识。但是，作为探索幼儿园教学改革的主要途径之一，数字化教学在改革过程中难免会出现一些问题，我们要积极地应对并及时找到合理的解决方案，让幼儿获得更好的数字化教学体验。

目前，幼儿园数字化教学普遍存在以下两个问题。

（1）注重课件形式化教学，轻视实际效果

应用数字化技术的前提是要遵循幼儿的心理特点和认知规律，有些教师过于注重课件外表的华丽，常常将课件内容复杂化，在其中加入了多样化的背景以及过多的视频、音频、图片来呈现教学内容。虽然整个课件看起来生动活泼，却过于分散幼儿的注意力。幼儿的无意识注意和记忆主导着整体行为表现，很难做到在观看五彩缤纷的课件的同时还能安静地思考问题。这样的课件不仅会导致教学效果大打折扣，无法实现教学目标，还造成了资源的浪费。

（2）课件切换太快，信息量过载

数字化教学中使用的课件具有超文本功能、上网功能、交互作用、信息量大和展示方便等优势。但有些教师在制作课件时考虑不周全，在网上广泛地搜寻材料，然后一股脑儿地将其放在课件中，在讲课时，快速切换内容，没有给幼儿留下足够的时间去消化所学内容，导致整个数字化的教学效果适得其反。幼儿由于一直处于被动的接受状态，便无法形成很好的记忆，甚至一节课结束，都不知道学到了什么。

其实，幼儿园应用数字化教学模式的根本目的是更好地帮助幼儿突破难点，激发幼儿的学习兴趣，提升课堂的教学效率。在信息时代，作为教师的我们，不但要加强学习，掌握并熟练运用现代信息技术，还应自主学习多种软件知识，不断提升自己制作和使用课件的水平，让数字化更好地服务于教学，使数字化教学成为我们教学的有利辅助工具。

当前，数字化教学改革的道路并非一帆风顺，我们参观一些幼儿园发现，在数字化教学过程中总会出现一些阶段性、不容乐观的问题，让园长和教师对数字化教学的未来充满了担忧。

还有很多人将数字化教学和教学本身的定义弄混淆了，认为数字化教学是利用数字化设备进行教学，将数字化设备的使用认定为教学。但大家都忽略了一点，设备永远不能代替教学本身，就像计算机永远也不能取代人脑。幼儿园采用数字化设备是一种辅助教学的手段，与采用圆规、三角板等辅助工具的本质并无差别，其功能无论多么强大，都不可能设定主观的教学意识，主要目的也只是让知识的呈现更加有序、易懂。因此，我们不能把电子设备的普及误以为是用数字化手段进行教学。

2. 对数字化教学资源的重新认识

除了数字化的教学手段，幼儿园数字化资源建设也同样很重要。部分教师在数字化教育资源的认知上也存在一定的误区，见表4-1。

表4-1 部分教师在数字化教育资源的认知上的常见误区

角度	误区
从"教"的角度出发	认为课件、数字化教案等资源就是辅助教师开展教育活动的教学资源。
从"学"的角度出发	把资源仅仅看作幼儿所用的学习、娱乐软件。
从"管"的角度出发	将资源看成教学工作的替代品。

那么，针对这些误区，有什么行之有效的对策呢？

我们通过多次去各地幼儿园观摩学习，总结出以下三个对策。

（1）根据五大领域的不同特点，幼儿园分批次尝试数字化教学

幼儿园分批次进行数字化教学的举措是避免第一误区的良药，主要可遵循三个原则：学习的内容要明显借助数字化设备完成；教师对数字化设备的使用要十分熟练，充满热情；可以询问幼儿的意见，耐心倾听幼儿的诉求，了解孩子的想法和需求，尊重和共情也有助于提升教学效果。

（2）观念迭代，教学主体与设备客体相互督促，共同进步

针对第二个误区，教师要从思维上转变：

在上课时，教师可对同一教学内容采用数字化教学和传统教学相结合的模式进行授课，从幼儿的反馈、喜好程度等有效教学的比例进行探讨并加以修改，保留最符合孩子发展规律的教学模式。

教师可以有意识地在传统教学中留出一部分数字化教学的时间，例如在运动领域，改变传统教学模式中一对一的计数问题，让幼儿同时完成跳绳运动，然后进行学情分析，快速了解孩子的身体素质，提高课堂效率。

(3) 引导孩子逐渐形成正确的价值观

数字化教学资源绝不是教师教育行为的替代品，教师在教学中的主导作用及对幼儿价值观的引导作用不可取代。对幼儿来讲，教师的社会导向性作用可能并不明显，然而我们不能忽视。幼儿虽然有诸多的意识形态表现，但他们三观尚不成熟，还处于成长发展期，教师可通过合理引导帮助孩子逐渐形成正确的价值观。

实际上，我们无论是更注重教师的教学资源，还是更注重幼儿的学习资源，最终目的都是提高幼儿学习能力，增强教学效果。

我们应对未来的数字化教学有宽容、乐观的态度。数字化教学正在逐渐覆盖更多的幼儿园，不能一蹴而就。唯有让数字化教育资源更贴合幼儿的需求，以园本教研为突破口，有意识、有目的地促进数字化教学真正走进课堂，才能让数字化教学的养分惠及每一名幼儿，让教学更具智慧。

二、情境案例——"场景化+体验式"数字化教学实践探究

（一）学习模式：基于AR技术、体感技术的游戏化场景教学

近年来，我国教育部就幼儿园"小学化"现象出台了各项政策，其中两个重要的政策见表4-2。

表4-2 教育部针对幼儿园"小学化"出台的政策

时间	政策	内容
2018年7月	《教育部办公厅关于开展幼儿园"小学化"专项治理工作的通知》	严禁幼儿园教授小学课程内容,纠正"小学化"教育方式。
2021年7月	《关于进一步减轻义务教育阶段学生作业负担和校外培训负担的意见》	坚持从严治理,全面规范校外培训行为。"双减"工作除了包括中小学生,同时也面向3~6岁学龄前儿童,不得开展面向学龄前儿童的各类培训。

家长对幼儿园"小学化"治理持两种观点：一些家长认为幼儿园就应该以游戏为主,丰富孩子的童年,没必要过早接触小学知识；一些家长认为,如果不提前预习小学知识,担心孩子上小学后跟不上教学进度,支持幼儿园"小学化"。

带着"幼儿园是否应该小学化"这一问题,笔者走访了很多教育家、学者、学生家长和园长,大家虽然观点不一致,但都认为数字化教育更能促进幼儿身心健康成长,都非常关注"游戏化教学"这一话题。在前面的章节,我们已经讲到了一部分体感技术,其实除了体感技术,AR技术在游戏化教学中也发挥着重要作用。本节我们就结合这两点来重点谈一谈未来的游戏化场景教学新模式。

1. "游戏"是每个孩子的天性

德国是世界上较早建立幼儿园的国家,幼儿教育理念也较为超前。对于上述问题,德国人早在20世纪60年代末就展开了激烈讨论。当时,研究人员选取100组家庭,其中50名幼儿接受传统教育,另外50名幼儿以游戏教学为主。研究结果显示,四年级是一个分水岭,很多提前学习知识的孩子优势保持到四年级成绩就开始急剧下滑,尤其是在数学和阅读理解方面更加明显。基于这次调研结果,德国政府马上阻止了学前教育"小学化"倾向,要求所有幼儿园在教学时一定要以游戏教学为核心,不可随意提前向幼儿教授知识。

游戏化教学方式是以孩子为中心,让孩子变被动为主动,自主地进行学习和探索，打破以教师为教学中心的观念，让教师脱离繁重的备课、授课压力，节省出更多的时间观察孩子的行为，给予孩子正确合理的个性化指导。近几年，AR技术和体感技术正逐渐深入教学领域，尤其是在自然科学、安全教育等领域优势明显，见表4-3。

表4-3 基于AR技术和体感技术的教学优势

优势	内容
让孩子有"掌控"游戏的感觉	体感技术能够精准识别孩子在游戏过程中的每一个动作，孩子们能够充分体验肢体动作，"掌控"游戏所带来的乐趣。
让孩子有身临其境的感觉	AR技术能够把现实与虚幻环境重叠，让孩子有身临其境的感觉。
让孩子强身健体	家长和教师都非常喜欢AR体感教育游戏，因为它不仅益智，还加强了身体锻炼，孩子们玩得很开心，家长和教师也放心。

美国作家查尔斯·库然特（Charles Coonradt）[1]提出了游戏化设计的五个关键要素，分别是：清晰的目标、频繁而有效的反馈、充分的自主选项、持续的辅导与支持、积分奖励制度与档案袋。他还提出关于培养幼儿在游戏化学习思维下的数字读写素养设计。

图4-1为儿童游戏化教学框架设计，该框架具有如下特征：

第一，教师可以利用游戏策略，例如奖励、排行榜、积分等激发幼儿阅读的动机，触发幼儿的阅读行为，达到完成阅读测验挑战的游戏化目标。

第二，幼儿可自主选择阅读书目的品类和难度，一本书可以挑战三次，系统会选择得分最高的一次记录，给幼儿纠错和反省的机会，为幼儿提供多元化的资源和趣味性的活动。

第三，教师和家长可在互动中承担陪伴、监督的工作，促进亲子阅读和情感沟通。

---

[1] 查尔斯·库然特（Charles Coonradt）：曾出版 *The Game of Work*（《不一样的工作力》）。

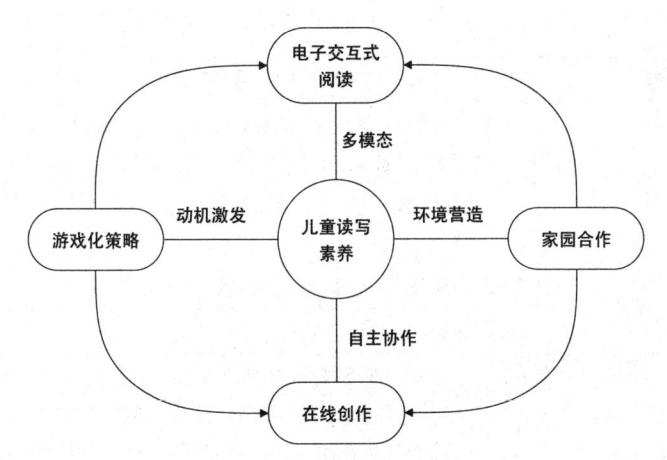

图4-1 儿童游戏化教学框架设计

导演朱春光拍摄的纪录片《德国"制造"的孩子》指出，德国幼儿园的教育目标和方案，一般是以幼儿的爱好和兴趣为依据进行自主选择，给孩子足够的时间和空间发挥天性，教师更多的是一个观察者和协助者。我们不难发现，幼儿爱玩游戏、爱提问题、爱运动是天性，在3~6岁这个阶段，根据幼儿的天性进行游戏教学，是最科学的方法。

2. AR体感游戏化教学模式的课堂实践

在本书创作期间，我们选取了国内某知名AR体感互动教学系统里面的一堂课——科学主体活动"森林之王——猛虎"，在某幼儿园开展课堂教学活动，尝试进行探索实践，相关教学设计见表4-4。

表4-4　大班科学主体活动"森林之王——猛虎"示例

活动分类	内容
活动目标	1.细心观察，有序互动，大胆分析，分享对猛虎的认识。 2.通过观察，用体感互动的方式了解猛虎的外形特征、习性和本领。 3.在游戏中感受快乐，萌发对科学探索的兴趣，产生爱护动物的情感。

续表

活动分类	内容		
活动准备	1.体感活动：AR体感课件"猛虎"完整版，四个环节分别是：捕捉蝴蝶、猛虎过河、走平衡木、捕捉羚羊。		
	2.电子资源：图片"谁的尾巴""尾巴的主人""谁的花纹""花纹的主人"。		
活动流程	引入	1.提出问题，引起小朋友的思考。	
		2.猜谜导入，引出猛虎。	
	活动主体	1.了解猛虎的特征。	教师打开体感互助教学系统，打开图片资源，逐一展示不同的动物花纹和尾巴，向幼儿提问，它们都是谁的尾巴和花纹呢？最后展示猛虎的图片。
		2.体感互动，深入观察和了解猛虎的各种习性和本领。	教师打开AR课件"猛虎"，可以邀请4名小朋友分别体验猛虎捕捉蝴蝶、过河、走平衡木和捕捉羚羊4个环节。在小朋友体验每个环节后，教师引导其他幼儿认真观察和记忆。每个环节过后，教师可以暂停一下，引导幼儿思考猛虎的各个习性和本领。
	活动总结	本堂课是否达成教学目标？下次开展课程有什么更好的意见和建议？	
	活动延伸	引导幼儿画出自己心目中的猛虎。	
	拓展延伸	将AR"猛虎"体验互动投放到活动区，让幼儿制作观察记录。	1.猛虎是群居动物还是独居动物？
			2.猛虎喜欢吃什么？不可以捕捉哪些动物？

我们从"森林之王——猛虎"的教学设计中不难发现：

（1）AR体感互动在实现活动目标上有独特的优势，多感官并用，幼儿体验好

AR体感教学活动在五大领域的基础上，从认识感知、能力培养和情感体验三方面，与单纯的视频、图片相比，能让体验者以第一人称的视角沉浸在角色中。同时听觉、视觉、肢体语言等多感官刺激，让幼儿有身临其境的感觉，满足幼儿的求知欲与好奇心，提升幼儿的专注力和观察力，实现教学目标。

（2）AR体验与传统主体教学活动有机结合，激发幼儿的学习兴趣

传统教学手段和AR体验活动可以充分发挥各自的优势，各取所需，互相配合，达到最好的学习效果。例如，可以采用问题式或观察图片的方式，让幼儿深刻感知猛虎的外形。教师也可以鼓励幼儿"化身"猛虎，保持积极的状态，感受猛虎捕食时的情绪。

（3）AR体感互动提升了幼儿的专注度和参与感

AR体感教学活动实现了教学重心的转移，幼儿用肢体动作"操控"猛虎。例如，猛虎被设置为跳跃和奔跑等模式，不断鼓励幼儿积极参与，发挥自己的主体作用。教师要做好引导，提升幼儿的专注度。

（4）AR体验互动适用于幼儿在活动中的多种合作

AR体验感主要来自不同的表现形式，可以采用小组接力、小领队等方法，增强幼儿之间的关系，丰富幼儿语言。例如，用传统教学方式学习"猛虎"需要不断地描述其特征，让幼儿感受猛虎的情绪。体感游戏会让幼儿用肢体动作表达情绪和感受，使其体会更深刻，对猛虎认知更全面。

AR体感教育除了为幼儿园提供了全新的教学工具外，也推动了传统教学方式的发展与突破。虽然它在发展的道路上依旧充满质疑和挑战，但随着AR技术的发展，它定会在促进幼儿学习模式多样化的同时，引导幼儿在游戏中展现更大的活力，加强幼儿主动学习的意愿。从这个角度而言，游戏的确是孩子的天性，避免让幼儿教育"小学化"，体现了寓教于乐的学前教育改革理念。我们能做的就是学会放手，让幼儿成为学习的主体，把游戏的世界、快乐的天空还给孩子，让学习更好玩。简简单单的快乐，那才是孩子真正的世界！

（二）VR应用：让孩子进入自主沉浸式学习

伴随现代教育技术的日臻成熟，教育模式不断推陈出新，VR教育已然成为全社会共同关注的热点话题。它改变了传统教学方式，采用VR技术为孩子提供关于视觉、听觉、嗅觉等感官的模拟体验，让孩子在玩耍中学习，如身临其境般感受未知世界带来的全新体验，实现了"寓教于乐"。

1. VR：让幼儿拥有身临其境般的沉浸式学习体验

VR就是虚拟现实技术，是基于现代信息化技术发展起来的新兴产物，应用十分广泛，尤其是在幼儿美术教育领域的应用具有特别重要的意义。其主要特点有高实时性、高沉浸感，不但可以给幼儿打造更好的沉浸式学习体验，还能让幼儿更真实地体验多种场景和物品细节。

在传统教育模式中，教学方式多以教师教学引导为主，形式比较单一，教学效果是否良好取决于教师对教学工具的应用能力和讲解能力，整个课堂氛围会让孩子们感到很枯燥无味。VR教育则打破了这种传统的教学模式，让孩子由听讲变为自主学习，注意力更加集中。借助VR头显等设备，把课堂中孩子们看不真切、体会不到的知识转化成VR内容，呈现给孩子们。

当然，相对于传统教育而言，VR教育的优势还体现在多个方面，大体概括如下。

（1）效率更高

教育的主要目的是有效地激励学生，并使其在学习中生成正反馈。VR正是通过为幼儿呈现丰富的真实场景，激发幼儿的学习兴趣，使其知识内化的效率得到有效提升，同时让幼儿在真实、放松、愉悦的学习环境中感受学习的乐趣，这样就达到了教育的最佳效果。

（2）成本更低

VR课堂，不但节约场地，还省下了大量的资金成本。VR课堂不需要特殊类型的教室，可直接利用原有的传统教室上课，相比多媒体等信息化技术，成本更低。

（3）可视化

通常来说，传统教育学习的都是更具体的东西，然而生活中存在更多比较抽象的概念需要孩子们去理解。VR能够打破时间和空间的限制，将由学习条件的缺乏所造成的认知阻断、认知困难消除，使孩子们可以在更广泛的领域学习学科知识，加强理解一些抽象性的概念以及由于受以往学习条件限制而难以获得的知识。

（4）规避风险，更加安全

在传统教育中，许多实验因受设备、场地、费用等限制而难以展开，致使孩子们学到的知识类别有限，以致不能更全面地发展。VR则能够为孩子们提供虚拟的实验、实训、实践，不仅提升了孩子们的动手能力和知识的掌握程度，而且避免了实验操作可能带来的困难和危险。

可以说，VR教育是教育技术飞跃式发展的一个突出体现，是由传统的"以教促学"向现代化"自主学习"转变的教育新模式，主动地交互学习相比被动灌输说教效果更加明显。为此，VR也被广泛应用于幼儿美术教学中。

首先，运用VR可呈现活灵活现的3D动画

VR课堂的美术教学，采用虚拟成像、VR影像识别及3D多媒体互动系统等多种技术，将孩子们的绘画作品进行转化，最终以生动、立体的3D动画形式呈现出来。孩子们在绘画时可随意发挥想象，画出自己想象中的作品，系统可识别他们画的平面图像，并为其注入"生命"，使之在大屏幕场景当中动起来，实现画鸟鸟会飞、画云云会飘、画花花会开的创作效果。

其次，可借助VR眼镜盒体验"动"起来的绘画

在VR课堂的美术教学中，孩子们先使用蜡笔在纸上画出动物和人物等，之后使用App对绘画作品进行拍摄，最终孩子们可借助VR眼镜盒进入自己绘画作品转化后的奇幻动感世界。活灵活现的奇幻体验让孩子们如身临其境一般，与绘画实现"仿真式"的亲密互动。

再次，运用VR可塑造三维雕塑模型

VR课堂的美术教学，能够运用VR实时塑造三维雕塑模型，孩子们可对其进行修改，每修改一笔都会有不同的效果呈现，这种技术的应用既节约了美术作品的创作时间，又提高了教学效率，一举两得。此外，该技术将互动美术与VR美术相结合，让孩子们欣赏到各种各样的奇幻3D世界，观察每种植物的构造和色彩，观察每种动物的动作和特性，寓教于乐，激发孩子们潜在的艺术灵感。

VR在美术教学中得以运用，不仅消除了传统美术教学手段的弊病，而且让孩子们可以边画边互动，通过360°沉浸式体验，实现探索海洋、探索大自然的梦想。此外，VR还能够挖掘孩子们的绘画潜质，启发孩子们学习更广泛的知识，甚至还可打造更具个性化的幼儿园特色教育。

2. 北京市K幼儿园的VR课堂实践

从上述内容可知，VR教育经过近几年的发展已经成为教育改革中的重大创新，其优势远远超越了传统教育模式，受到了教师和幼儿的极大欢迎和一致好评。尤其是VR教育中的沉浸性、互动性和构想性，能够打造真实的虚拟环境和沉浸式交互体验。当今互联网技术发展迅速，很多幼儿园在围绕"培养智慧幼儿"发力，其中包括引进VR教室。我们以北京市K幼儿园引进VR智慧教育解决方案为例，具体展开如下探讨。

案例　北京市K幼儿园VR教育解决方案

北京市K幼儿园是一所创新型幼儿园。该幼儿园多年来致力于打造一所走在社会前沿的智慧教育幼儿园，于2020年与拥有18年互动虚拟现实研发经验的某幼教研究机构合作，引进该机构的智慧教育解决方案，将3D、VR、AR技术与科学教育、互动教育深度融合，落实园所教学创新举措，打造高端的学前教育，大大提升了幼儿园数字化课堂环境的体验效果。

考虑到自身的定位以及优势等，该幼儿园将某幼教研究机构的"互动体验教室""互动美术教室""互动运动教室"等多种互动解决方案引进园所，涵盖了多种智能教育产品，包括"互动砸球""互动沙滩""互动美术""魔幻沙桌"等，通过沉浸式场景的体验，让孩子们受益无穷。无论是抓、握、砸等手部动作的训练，还是对海洋生物和大自然变化的认知，甚至是美术天赋的启迪，都在很大程度上培养了孩子们的综合能力和兴趣爱好，使孩子们更好地成长。

其中一位家长感慨："这种互动教室方案让我家孩子每次上课都非常积极主动，在互动式的游戏里学习，孩子总是笑呵呵的，我能很明显地感到孩子发生了非常大的变化。在体验互动美术跟魔幻沙桌后，孩子逐渐爱上了美术，对美术越来越感兴趣，对大自然的探索也越来越好奇和积极。看到孩子的这些变化，我感到非常欣慰，由衷地觉得让孩子上这所幼儿园是最正确的选择。"看似普普通通的评价，却是对VR教育教学极大的肯定。

VR技术的运用，将枯燥无味的学习转化为"游戏"，用数字化重新定义课堂，使教育变得简单、高效而又富有乐趣。这种为幼儿园量身打造的VR智慧课堂、VR互动教室的智慧教育解决方案，可以助推幼儿园智慧教育有质的飞跃。

VR教育是未来教育的一大方向，也是颇受孩子们欢迎的一种学习方式。我们坚信，未来会有更多互动教育科技企业在不断探索中引领幼教行业新模式发展，解决教育教学、家园沟通的难题，推动家园共育。同时，也能用数字化科技改变未来教育，用VR教育让孩子告别枯燥的学习，从此将学习变成一件有趣的事情。

（三）直播教学：打破传统教学空间的限制

线上直播教学是基于数字化的一种新型教学模式，它打破了传统教学的时间、空间的限制，教学方式多样有趣，吸引幼儿集中注意力，有助于让幼儿对学习产生浓厚的兴趣。

线上直播教学能够加强教师与幼儿的互动，让课堂氛围变得更轻松、活跃。另外，线上直播教学还能及时对教师的教学行为进行评价和反馈，促进教师完善教学计划，高质量地完成教学任务。

未来，单纯依靠教师对幼儿进行线下授课已经很难满足教师全面开展教学任务的需求，幼儿园的教学模式势必会融入线上直播教学。

1. 线上直播教学的实践探索

通常来讲，幼儿园教师进行线上直播教学的现象在生活中很少见，而小学、中学、大学的教师对学生进行线上直播教学的情况较为常见。幼儿虽然并不需要像小学生、中学生、大学生那样学习，但随着我们所处环境的改变和时代的发展，线上直播教学也是所有幼教人需要面临的新课题和新挑战。

案例　L幼儿园的学前教育教学直播课程

根据疫情防控相关文件精神，L幼儿园开展了"线上教研和教学"活动。负责相关课程的教师每天都会通过钉钉直播进行在线教学。幼儿游戏是学前教育中的主要课程，但由于教师在家无法利用园所内的教育资源，幼儿园便利用互联网组织大家进行线上教研。在主任的带领下，大家从网上搜索相应的资料然后进行重组整合，为顺利开展线上课程奠定了理论知识基础。

在线上直播课之前，教师有意地推送一些和课程相关的视频和案例，充分调动幼儿的积极性，激发幼儿的兴趣，让幼儿对课程内容有初步的思考，为幼儿积极主动参与课程做铺垫。

从这个案例可以看出，直播课程可以生动形象地把角色、表演、环境串联起来，引导幼儿充分感知游戏形式和课程的教育意义，接受更多的新思维和新知识。另外，教师在授课时通过巧妙的课程设计，将一些游戏案例和网课学习的图片、视频融入教学内容中，营造活泼轻松的课堂氛围，让线上直播课变得更具趣味性，教学效果更加显著。

2. 在幼儿学前教育中进行线上直播教学的保障

为了增强直播教学的效果，可采用"双平台"授课模式，完善线上直播教学设计，高效推进线上直播教学，多渠道共享教学资源，把控直播教学节奏，多维度线上协作督导，为高质量完成线上直播教学任务保驾护航。

（1）"双平台"模式授课，推进线上直播教学

如今，线上直播教学主要有两大类线上平台。其一是以钉钉直播、QQ直播、腾讯课堂为代表的线上直播平台。这类平台可以实时传送音频、视频等数据，实现教师与幼儿声音和影像的远程互动与交流，同时可以展示PPT等教学文件，支持课堂连麦互动，让课堂氛围更加轻松活跃。但这类平台一般缺少存储资料、上传资料、成绩记录和活动留痕等功能，无法记录幼儿在线上直播课的学习轨迹。此外，教师由于受到远程的限制，无法实时监控幼儿的学习状态和学习时长。其二是以91速课和智慧职教云等为代表的混合式线上直播平台。这类平台不同于上述平台，最大的特点是具有提问、测试、讨论和签到等在线功能，可以系统化地记录幼儿的学习与生活。

（2）多渠道共享教学资源，完善直播教学计划

为了让教师在疫情防控期间有充足的数字化教学资源，各大课程软件供应商和课程资源平台大多免费授权给教师使用。线上资源主要有案例动画、数字化教材和可视PPT等，教师通过多渠道的教学资源，结合自己班级幼儿的实际情况，重组、总结教学资源，制订出符合幼儿发展的课程计划。在教学过程中，教师要融入提问式、情景式的教学模式，并实时进行暂停和讨论，引导幼儿深度学习，激发幼儿的学习兴趣，让个性化教学与数字资源完美融合，完善直播教学计划，高效完成教学目标。

（3）多模式线上互动，把控线上直播教学

线上直播教学最大的弊端就是无法让教师和幼儿面对面交流，直播教学效果受幼儿的数字化学习能力和自律性影响很大。因此，教师如何设计更好的教学方案，调动幼儿的积极性，增加课堂的互动，成为线上直播教学中的重点和难点。在幼儿园线上直播教学设计中，教师可以把课程细分为单个的课程节点，然后认真把控每个节点，将情景、提问等多种模式的线上课堂互动融入每个课程的节点中，营造轻松的学习氛围，激发幼儿学习的积极性。

（4）多维度进行线上督导，保障高质量直播教学

为充分利用幼儿园学前教育直播教学资源，幼儿园应当建立一支高质量的线上教学教师团队，根据实际情况提出合理化建议。同时，还应积极开展一些与教学设计、教学模式相关的培训。指导团队和监督团队都要各尽其责，及时针对直播中出现的问题给出合理建议，最终形成具有本园特色的线上直播教育策略。建立线上指导部门、幼儿园教务管理部门、技术支持部门三方协作的督导体系，是线上直播教学质量的最好保障。

总之，幼儿园学前教育开展线上直播，是积极响应国家号召的举措，更是未来教学模式改革的趋势。这种打破传统教学地域空间的模式为课堂增添了乐趣，调动幼儿学习的互动性和积极性，增进了教师和幼儿之间的交流和情感，为幼儿今后养成良好的学习习惯夯实基础。

（四）数字课堂：将iPad合理应用于幼儿园教学

信息技术飞速发展，电视、电脑、iPad等多媒体设备在教学中的使用率逐年增加，尤其是iPad的应用范围越来越广。我们发现，有一部分幼儿园已经把iPad用于教育教学中，但一部分家长对使用iPad仍存在诸多疑惑。如何把iPad合理地应用于教育教学中，更有效地提升教学质量，是我们应当关注的重点。

1. 将iPad应用于幼儿园教学中究竟好不好？

iPad应用于幼儿园教学活动是好还是不好？这是一个有争议的话题。我们到北京市M幼儿园考察时发现，该园在教学中尝试使用iPad已有三年时间，起初家长们的顾虑很多，不过经过几年的实践，这些顾虑逐渐被消除，家长们开始发现只要幼儿能够合理地使用iPad，也能让它变成幼儿学习的好帮手。

据笔者了解，家长总是担心幼儿使用iPad会伤害眼睛，且幼儿容易上瘾，难以控制自己，一旦上瘾再戒掉就难了。家长们还会罗列出许多孩子玩iPad上瘾的案例。园长心中也有疑惑，也曾犹豫和徘徊。为此，他们邀请专家召开了一场座谈会，大家一起查阅了很多文献。法国科学家团队认为，电子产品本就是孩子生活中的一部分，是孩子认识世界、了解事物的一种途径，强加阻拦也挡不住孩子认识世界的好奇心。现在孩子接受新鲜事物的能力都很强，甚至家长还没弄明白新买的iPad怎么使用，孩子就已经可以灵活地找出他想观看的动画片。找到理论根据后，M幼儿园开始实施iPad教学计划。园长从大班、中班、小班各年级组中分别选择一个班级作为试点班级，凡是有意愿参加试点的幼儿家长要在协议书上签字。

案例1　M幼儿园小二班使用iPad的场景

在小二班，教室内分为十个活动区，其中折纸区和阅读区投放了iPad。几名幼儿可以在阅读区播放iPad里存放的故事，并配有动画场景。听完一个故事，孩子们就会放下iPad走到CD机处，听另一个故事。在折纸区，三名幼儿看着iPad学习如何折纸，时不时前后碰触屏幕查看前后步骤，不一会儿，一只"小青蛙"就折好了。

案例2　M幼儿园中五班使用iPad的场景

在中五班，iPad投放区域除了阅读区和折纸区，还有数字拼图游戏、绘画区等。在绘画区，幼儿在画好作品后，可以在iPad前展示自己的绘画作品并对准镜头，iPad里的自拍软件就会倒计时5秒，自动给孩子和作品"合影"，这张照片可以立刻发送给幼儿的家长，让家长看到幼儿的画作。

案例3　M幼儿园大四班使用iPad的场景

在大四班，iPad的使用更加广泛。例如，在数学区，幼儿可以打开iPad里的App，通过种花生了解数的分解组合问题。幼儿可以点击iPad中的骰子，根据骰子上的点数，选择一块地或者两块地种花生，然后用圈儿把种好的花生地围起来，表示种植成功，由此让孩子练习6以内数字的分解与组合，幼儿在玩的过程中巩固了知识，并能将知识运用到实际生活中。

经过一个阶段的试点，园长召开了一次家长会，倾听家长们的意见。

果果妈妈说："以前孩子玩iPad是和姥姥学的，总喜欢看《植物大战僵尸》、斗地主等游戏，不给玩就哭闹不止。现在，果果用iPad学会了拍照、画画，还得意扬扬地教姥姥拍照。"

贝贝爸爸说："开始是担心孩子会玩上瘾，后来发现只要掌握好尺度，其实不会上瘾，孩子更喜欢大人陪着一起玩。但大人没有时间的时候，他自己拿着iPad玩10分钟就会放下。在幼儿园里，孩子还养成了良好的时间把控习惯。有时回家后看到大人长时间看手机，孩子会提醒我们对眼睛不好。教师不让长时间玩iPad，孩子告诉我们也不应该长时间玩手机，伤害眼睛。"

还有很多家长给予了正面反馈。

如此看来，幼儿园使用iPad，让数字化深入教学是对的，它不仅促进了家园合作，更让幼儿充分享受到了数字化学习资源。未来，数字化是发展趋势，教师要在实践中不断总结如何充分利用数字资源，同时努力避免它带来的负面影响。

2. 合理运用iPad，丰富教学场景

我们不得不承认，科学的学前教育对孩子后续学习和终身习惯养成发挥着至关重要的作用。随着数码、投影仪等数字化设备的更新，我们已经深刻感受到信息技术的力量给幼儿教育带来的改变。

（1）正确并合理利用iPad

首先，教师要秉承"不拒绝、不依赖"的态度，善于利用iPad的有利部分，引导幼儿正确使用iPad。其次，教师要尊重幼儿的发展规律，明确iPad的作用是辅助教学，而不是完全替代那些价值高的日常教学活动。最后，教师要明确iPad仅是幼儿学习的一种工具，而不是幼儿学习的内容。

（2）分配好使用iPad的时间

严格控制iPad的使用时长和频率是非常重要的。教师应该根据幼儿的年龄和身体特征规定iPad的使用时长。虽然医学上指出2岁后幼儿的视网膜已经完全发育，但视网膜依然比较脆弱。iPad使用规则可设定为一天不得超过2次，一次不得超过15分钟等，避免幼儿视觉疲劳、近视等问题发生。

（3）选择适合幼儿的软件

选择能够满足幼儿好奇心、符合幼儿年龄特点的App软件。例如，在生活中难以见到的地点、动植物，或者非常益智的游戏和安全题材教育游戏等。教师要注意筛查所选App的内容是否健康、科学，是否符合幼儿年龄特点和五大领域教学要求，这样才能让iPad发挥最大作用。

（4）教师不只是引导者，更是观察者和支持者

教师要了解iPad可以运用的课程、场景等，充分利用iPad满足幼儿在认知、情感和技能方面的需求。要利用iPad的互动性调动幼儿学习的积极性，提升幼儿的学习能力和品质。虽然幼儿是学习的主体，但很多时候他们不能完全离开教师的引导，所以教师要因材施教，设置不一样的课程。教师还要在幼儿使用iPad时

观察幼儿的人际关系与互动情况，在适当的时候给孩子一点儿提示，激发孩子参与活动的兴趣。

（5）iPad并不能完全取代常规教学

尽管幼儿可以通过iPad获取相应的学习经验，甚至用iPad画图，但这并不意味着它可以完全取代常规教学。它只是在一部分教学中为幼儿拓宽了视野，让幼儿既感受到知识的魅力，又感受到科技的强大。在iPad的辅助教学下，我们只是通过图文结合、声情并茂等多元教学模式，让幼儿更清晰地梳理知识，更好地评估幼儿的成长与进步。但我们依然不能忽视常规意义上的其他教学模式，更不能喧宾夺主，而是要结合多种教学模式，充分利用新媒体设备，让幼儿的学习变得更自主。当然，我们这里说的不仅是iPad这一种设备，只是以此作为示范和参考。

很多人将在iPad辅助下参与幼儿园课程的幼儿称为"触屏一代"，其实对一切充满好奇是幼儿的天性，iPad的趣味性刚好满足了幼儿的好奇心理。但要想让类似iPad的辅助新媒体教学工具发挥最大的作用，仍需要我们全体教师坚持不懈地努力。

无论教学模式如何改革，教学设备如何更替，我们始终不能忘记教育的初心。孩子们的内心世界总是那么单纯、善良，所以我们对孩子的教育永远要从孩子的实际出发。幼教改革这条路依旧任重道远！

第五章

沟通数字化：让家园互通零距离，实现家园共育

想让孩子们健康茁壮地成长，不仅需要幼儿园"播种"，还需要家庭"灌溉"。人们常说，家长是孩子成长道路上的第一任教师。但孩子到了幼儿园后，教育就不再只是家长或教师单方面的责任了，而是需要家长与教师协同合作，共同教育孩子成长。因此，高效的家园沟通、家园共育是孩子健康成长的必要条件，只有这样才能让我们更好地帮助孩子茁壮成长。

怎样建立幼儿园与家庭的沟通桥梁？数字化作为家园沟通的触点，打通了家园沟通的屏障，在幼儿、家庭、幼儿园之间形成相互交流感知的闭环，通过建立与家长的有效沟通体系，最终实现家园互联、家园共育。

一、有效沟通：
成长路上孩子才会更愿意与我们"合作"

（一）家园沟通，没那么简单

家园沟通，是幼儿园教育工作的基础部分。苏联著名教育家苏霍姆林斯基曾说过："学校教育要实现促进学生和谐、全面地发展，离不开学校和家庭的密切联系和协调配合。"不过，在传统教育模式中，幼儿园、教师、幼儿、家长之间一直缺少一种行之有效的沟通方式。

1. 家园沟通普遍存在的问题

教育不是单纯依靠教师就能完成的，需要家园真诚合作和及时有效地沟通。家长与教师积极交流，更多地了解孩子的状态，这会对孩子身心健康起到积极的促进作用。但在现实中，很多家长并不善于和教师沟通。如果教师也不懂得高效沟通的方式，那么家园中间就竖起了一堵高墙。久而久之，沟通不畅带来的堵点多了，甚至还会造成家长对教师的误解。一部分家长在与教师的沟通中，普遍存在几方面问题，见表5-1。

表5–1　家长与教师沟通普遍存在的问题

问题	具体内容
频率问题	很多家长在幼儿园组织活动之后，就立刻滔滔不绝地与教师聊天，不顾其他家长的感受。这种无效沟通不仅没有问到自己想知道的内容，还占用了教师的宝贵时间，给教师带来很大的困扰。很多家长没有意识到，他们面对的只是自己的孩子，教师面对的却是整个班级的幼儿与家长。
方式问题	很多家长容易忽略一个问题，就是除了上课外，教师还要参加很多会议、教研活动，在很多情况下是不适合接电话的。但现实中，很多家长往往直接打电话沟通并且时间过长。
内容问题	很多家长与教师的沟通往往只注重孩子在幼儿园的学习状况，而忽略了孩子在其他方面的表现。例如，与其他同学相处的情况、每天状态如何等。我们更应该多关心幼儿的心理健康、品行修养等。
态度问题	家长与教师都希望孩子能够健康快乐地成长。在孩子上幼儿园期间，教师和家长彼此信任很重要。很多时候，由于角色的不同，家长与教师处理问题的方法会有一定的差异性，如果双方不能相互包容这种差异，就可能出现误解。

2. 在国外，有效的家园沟通是什么样的？

笔者有一个特殊教育专业研究生毕业的朋友——林老师，她带着孩子去了美国。在美国期间，林老师为了孩子的教育问题，与学校进行了多次有效沟通。

其实，美国长久以来在特殊教育上都存在一个矛盾，就是学校为了节约经费会尽量减少孩子的教育服务，但家长希望孩子得到更多的服务，以致家校形成了对立关系，这给家校沟通带来了诸多困难。生活在美国的中国人，受国内传统尊师重道文化的影响，在争取孩子权利及沟通问题上，往往不知所措。

林老师向我分享了她在国外是如何做到有效沟通的，其做法会对我们国内的教育工作有所启发。笔者更加笃信，孩子、教师、家长能够快乐地合作，对孩子的成长尤为重要。

（1）巧妙使用家园联络本

孩子初到美国，林老师说家园联络本让她女儿很快就适应了环境。那时候林老师与她女儿的老师每天都保持着文字往来，虽然有时候只是简单的几个字，但效果出奇地好。当然，如果有急事也会用电话或者电子邮件等其他方式沟通。

（2）做会议的"参与者"

在学校，由于孩子语言能力受限，很多背景信息讲不清楚。教师为了解孩子发了一些问卷，林老师每次都认真填写。在家里，林老师给孩子建立明确的奖罚制度，以积分表的形式展现出来，积分可以换成钱，孩子可以购买自己喜欢的东西。等到学校开线上会议的时候，林老师会通过幻灯片给教师展现孩子的积分表，这样可以使教师更全面地掌握孩子的情况。家长还可以带孩子读一些绘本，让教师帮助点评几句。

当然，上述沟通方式不是外国人沟通的"专利"。但不难发现，无论是电子邮件、幻灯片、线上会议还是数字报告的运用，都在一定程度上提升了沟通的效率，让家校沟通不再困难。只有真正有效的家校沟通，才能增进家校之间的信任，双方携手用更加先进、科学的沟通方式，共同为幼儿的成长与进步而努力！

（二）形成共育合力，让家园关系从"三角"变成"同心圆"

1. 沟通的目的就是让家园关系从"三角"变成"同心圆"

当下，作为教育体系中至关重要的起点，幼儿教育受到了全社会的广泛关注与重视。然而，家长往往由于社会竞争压力的加大，工作也变得越来越忙碌，甚至有时一学期也见不到教师一面。但大多数家长还是希望能够与教师保持沟通，了解孩子在幼儿园的生活与学习情况，只是无奈心有余而力不足。因此，家园冲突就会时有发生。我们一直倡导"家园共育"模式，家园共育的目的就是通过沟通让家园的关系从"三角"变成"同心圆"。

曾经一位妈妈在成长手册上给我们留言："我的工作需要经常出差，即使我亲自接送孩子也是来去匆匆，所以我几乎腾不出时间来了解幼儿园的教育，建议教师建立家园联系平台，以便我们可以进一步了解幼儿园的教学以及孩子在园的表现，同时也能随时向教师请教一些育儿问题。"

针对家长的提议，我们进行了相关调查，得知大部分家长对家园联系是有需求的。他们迫切渴望时刻关注幼儿园的教育内容、主题活动以及孩子的发展情况，同时很多家长表示，网络或手机的运用可以帮助自己更好地表达真实的想法。

在互联网迅速发展的今天，上网已是多数人工作、生活的"必需品"。为了让年轻的家长可以随时随地了解孩子在园的动态，我们建立了数字化沟通平台，帮助一些家长解决由于工作繁忙而不能来园与教师沟通的问题。数字化沟通平台可满足家长在不同地点、不同时间通过手机或平板电脑等移动端与教师以及其他家长进行有效交流，共同探讨教育问题，提升家园沟通的效率。

2. 形成家园共育合力的"五个100%"

家园共育就是家庭和幼儿园共同完成对孩子的教育，而不是由家庭或幼儿园单方面对孩子进行教育。家园双方要通过家园共育，在教育孩子方面默契配合，使孩子在幼儿园健康快乐地成长。

中国著名儿童教育家、儿童心理学家陈鹤琴[1]先生曾说："幼稚教育是一种很复杂的事情，不是家庭一方面可以单独胜任的，也不是幼稚园一方面能单独胜任的，必定要两方面共同合作方能得到充分的功效。"《幼儿园教育指导纲要（试行）》[2]也明确指出："家庭是幼儿园重要的合作伙伴。应本着尊重、平等、合作的原则，争取家长的理解、支持和主动参与，并积极支持、帮助家长提高教育能力。"因此，幼儿园与家庭需要携手合作，协同共进，形成家园共育。

伊曼努尔·康德[3]曾说："人是目的，不是工具。"在数字化的时代，无论沟通的形式如何改变，都离不开人的主导作用。为了提升教师的数字化沟通能力，形成家园共育合力，已有幼儿园全面推行"五个100%"策略，给了笔者很大的启发。

---

[1] 陈鹤琴（1892—1982）：浙江上虞人，中国现代幼儿教育的奠基人。
[2] 《幼儿园教育指导纲要（试行）》：由中华人民共和国教育部印发，从2001年9月起试行。
[3] 伊曼努尔·康德：德国哲学家，德国古典哲学创始人。

（1）全面沟通100%

全面沟通100%就是教师与家长一对一、面对面进行沟通，全面了解幼儿的成长环境、家庭环境、学习和生活习惯等，并将幼儿在园期间综合发展情况进行有效反馈，结合孩子自身的情况和教育规律，有针对性地提出家庭教育指导建议。

此外，幼儿园可以主动宣传园所的办学理念、办学特色、未来发展规划等，向家长征求一些有建设性的意见和建议，对家长的疑虑或问题耐心地给予详细说明或回复，让这些困惑和问题得到解决。

（2）全员家访100%

家访是家园共育的纽带和促进家园互动与合作的桥梁。有效的家访不仅可以让家长实时掌握孩子在幼儿园的学习、生活情况，也可以在沟通中了解家长对幼儿园的意见与反馈，从而不断改进教学和服务质量，获得家长对幼儿园以及教师更多的理解和支持。

教师可以采用多种形式进行家访，例如电话和网络随访、实地走访等，尤其是"隔空家访"的沟通方式在疫情防控特殊时期覆盖率已达到100%。

（3）全员送教100%

全员送教100%就是教师向家长讲述家庭教育的重要性，以及家庭教育的方法与技巧，进行家庭教育指导工作。例如，疫情期间，某些幼儿园通过推送制作100余个亲子游戏，多渠道、多途径地将幼儿园课程推送给每位家长，改变家长的教育价值观，从而拥有更加科学的教育理念。

（4）全员培训100%

幼儿园每月需要在家访前开展一次学习培训，以"为何访、访什么、如何访"为主题完成家访之前的准备工作，将解决问题、见到成效作为导向，通过规划、备采、访问、反思、改进等方式，对家访流程进行不断完善与更新，提升家访工作的效率。

（5）全方位开放100%

一方面，幼儿园可以通过家长会、环境观摩、家长参与三餐试吃等方式，主动邀请家长参与幼儿园的管理，让家长对幼儿园有更深入的了解，为幼儿园未来的发展建言献策；另一方面，幼儿园可以将家长开放日、家长接待日、家访、家长热线、家长邮箱等作为家园互动的途径，让彼此交流更加顺畅。

沟通是拉近人与人之间关系的桥梁，有了这"五个100%"的保证，我们才能以此为前提，探索数字化沟通的无限可能。无论如何，我们都要做孩子成长路上的伙伴，让孩子在自然中释放天性，快乐成长，让每一朵花都尽情绽放！

二、数字化沟通实践：实现家园互联、家园共育

（一）微信群：家园双向互动，实现沟通"零距离"

5G时代，微信作为一种被多数人喜欢的网络沟通工具，不仅具有发送图片、视频、信息等功能，还是一种可以进行语音、视频的通信工具。微信在为人们生活增添无限乐趣的同时，也成为幼儿园探索家园共育新模式的手段，让家长与教师及时有效地沟通，通过家园双向互动，实现沟通"零距离"。

1. 利用微信功能营造良好的群聊氛围

为了更好地开展与家长的沟通工作，微信群成为很多园所与家长最有效的沟通平台。例如，在东钱湖镇中心幼儿园的微信群里，教师会积极地回应家长的每一个问题，避免家长担心。同时，幼儿园还会站在家长的角度，每天与其分享一些育儿小知识，或者选择一些家长普遍关心的问题进行探讨，并探寻原因和解决方案。此外，还会定期对家长提出的问题和话题进行梳理与归纳，以提高教师对幼儿的教学与服务质量，提升家长对幼儿园的信任度和满意度。

案例1　关于孩子在幼儿园学习问题的沟通

悠悠妈妈："张老师，悠悠最近表现得怎么样？"

张老师："挺好的，她会经常与教师交流，不像你之前说的胆子那么小了。不过我发现她认识的数字比较少，幼儿园基本是不写数字的，但是你们在家里可以教她一些简单的数字，培养她对数字的兴趣。"

悠悠妈妈："好的，我会加强这方面的教育，谢谢张老师。"

案例2　关于孩子习惯、个性问题的沟通

果果妈妈："张老师，果果比较内向，在幼儿园最近的表现如何？"

张老师："挺好的，就是胆子有点儿小，小便都是问了几遍才去的。"

果果妈妈："嗯，是的，她胆子比较小，有什么办法可以让她好一些吗？"

张老师："果果游泳课表现得很活泼，但是平时在幼儿园里做事却总是畏首畏尾的。"

果果妈妈："果果在外面是相对活泼一些，可能是我对她太过严格了。"

张老师："我们在安全、不违反原则的情况下，要给孩子足够的空间，允许她做自己喜欢的事情。因为女孩子多数比较文静，如果你给她太多压力，她就会变得胆小。"

果果妈妈："谢谢张老师，我会注意的，感谢您的耐心解答。"

经过沟通，我们发现，家长在家庭教育的过程中，遇到最多的就是关于孩子个性养成和习惯培养方面的问题。有些孩子比较内向，家长往往非常担心孩子在幼儿园的表现，容易产生焦虑情绪。微信群可以让家长及时了解孩子在园的状态，很大程度上缓解了家长的忧虑情绪。

2. 及时更新动态，让家长观看孩子在幼儿园的活动照片

家长都非常关心孩子在园的生活状态，尤其是刚入学的一周，孩子在园活动表现如何、游戏时有没有和伙伴发生冲突、平时是否喜欢独处等都是家长特别关

注的问题。考虑到家长的困惑和担忧，教师一般会及时录制小视频，例如孩子做早操、排队洗手、吃午饭、学习等活动的小视频，发送到群里，这样家长就会随时随地掌握孩子的在园情况，满足了家长"视察"的需求。除此之外，教师还会通过文字、照片等信息让家长了解孩子丰富多彩的在园生活，以及每周的活动新动向，让幼儿园管理更加透明化，形成和谐、融洽的家园氛围。

教师还会在微信群分享一些医学小知识。例如，手足口病是常见的幼儿呼吸道疾病，但是很多家长只是听说过，并未真正了解。为此，幼儿园还请专业医生在群里给大家讲述手足口病的症状、防治方法，让家长对这些幼儿常见疾病更深入地了解。家长通过在微信群里讨论，形成了一个属于家长与教师的经验分享与交流平台。

3. 双向互动，提升家园沟通的有效性

家长资源其实是一个庞大而丰富的资源库，可以为教师提供很多信息。例如，在组织活动之前，家长可以帮教师查找信息，收集活动的相关细节，为活动做好充分的准备。每年，很多幼儿园都会邀请幼儿家长参与幼儿园组织的春游、秋游、亲子运动会、课余亲子活动等各种活动的策划与筹备工作。这不仅拉近了家与园的距离，也拉近了家长与孩子的距离。这些活动不仅使教师、家长、孩子相互之间变得更加亲密，让教师与家长之间多了一些理解与尊重，更让家长走进了幼儿园教育的课堂，对孩子有了全新的认识与了解。

案例3　N幼儿园组织的串门活动

N幼儿园曾组织过一次串门活动，考虑到多数幼儿的家长工作比较忙碌，遂将微信群作为该园与幼儿家长的交流平台。教师在微信群里发信息通知家长孩子的班级即将举办串门活动，主题是利用农作物创作贴画，并强调要尽量选择距离幼儿园比较近、场所比较大、周围有农作物的家庭作为活动基地。在微信群留言之后，家长反应都很积极，及时回复了信息，并且为教师提供了宝贵意见和资源。

琪琪妈妈："老师，可以来我们家，我们家在一楼，比较宽敞，院子里还种

了一些菜。琪琪也喜欢热闹，还可以让奶奶与爸爸帮着准备午饭。"

恩泽妈妈："老师，我们可以参加吗？恩泽的胆子比较小，希望能多参加这种活动，鼓励他多交往，谢谢！"

老师："好的，平时多参加活动，出去走一走，慢慢地孩子的胆子会大起来，你可以准备一些贴画的工具。"

恩泽妈妈："好的，我觉得这个形式可以促进小朋友多交流，增加小伙伴之间的感情。"

芸芸妈妈："我们也想参加。"

老师："我们这次初步定在琪琪家里，感谢大家的支持与配合，但是我们只能去8位宝贝，大家想去的可以找我报名。"

后来，这次活动举办得非常成功，家园互动的价值也得以体现。孩子的成长依托于教师与家长的共同努力，两者如同鱼和水一样不可分离。教师只有对每位幼儿的家长充分了解，并调动家长的主观能动性，才能让其发挥主人翁作用，全力配合教师为幼儿打造更广阔的发展空间。

教师不禁感慨：我们每天在微信群里与家长分享孩子的情绪与心理状态，不断探讨育儿经验与育儿过程中的困惑，感受孩子们一天天的变化。微信群为家园联系打开了一扇门，开辟了一条新的道路，使家园共育更高效。

（二）数字平台：家园沟通的快车道

由于现在都市生活压力大，家长很多时候做不到与幼儿园及时沟通，传统的联系方式远不能满足孩子教育发展的需求。为提高家园沟通的效率，现代科技为家长提供了方便、快捷的家园互通新平台。

1. 搭建家园沟通的快车道：数字化幼儿园综合应用平台

在考察期间，笔者发现目前已经有多家幼儿园建立了数字化幼儿园综合应用平台，它们利用家长论坛、幼儿园专题网站、家园专属互动聊天室等网络平台，打破时间与空间的限制，拉近彼此的心理距离，同时将幼儿园教学资源与家庭教育资源进行整合，在幼儿园与家庭之间建起一条互动交流的快车道，助力孩子快乐、健康成长。

搭建数字化幼儿园应用平台是一项系统化工程，往往需要多部门甚至跨公司合作才能实现。简单来说，搭建一个数字化应用平台要做好四个方面的准备，见表5-2。

表5-2 搭建数字化幼儿园应用平台要做好四个方面的准备

需要准备步骤	具体内容
成立机构	机构在成立之初需要注册，可以进行单独注册，也可以在幼儿园名下或其他机构名下注册，有了正式的组织架构，与幼儿园对接相关工作时才会更方便。
签署协议	建立平台的双方或者多方要用制度严格规范管理，划清责、权、利，当遇到问题时，可按照协议约定去解决问题。
制订计划	为避免出现顾此失彼的情况，我们应为家园共育工作制订计划，这样工作才可以有条不紊地进行，双方或多方才能更高效地协作。
专人负责	为推动工作顺利开展，平台必须有专人负责，负责人可以是全职的，也可以是兼职的，但是要有足够的责任心。这样，平台才会最大化地得以利用，成为幼儿园、家庭以及多方沟通的纽带。

平台的建立也可以给我们带来很多好处，可概括为以下三点。

（1）平台操作简单，方便教师、家长使用

数字化幼儿园综合应用平台共涵盖三大系统，包括教师线上教学办公系统、幼儿线上学习系统以及家园互动系统，为教师、家长以及幼儿提供一体式的综合性与个性化服务。平台采用实名认证原则，教师、家长、幼儿使用园所分配的用户名和个人密码进行身份认证，方可在相应的权限内进行操作，有效避免了使用者随意滥用问题产生。为了降低用户使用和幼儿园管理、维护的难度，我们采取了"一次登记，处处运行"的便捷操作，从而实现了信息的整体性管理和面向家长的信息定制。

(2) 信息共享，提供丰富教学资源

数字化幼儿园综合应用平台拥有丰富的教学资源，是家园沟通的重要保障。教师可以在教学平台建立包含班级幼儿情况、学科教案、课件等内容的教学资源库，也可以在平台上分享幼儿园的近期动态，让家长及时了解孩子的学习内容与活动动态。同时，家长可在学习平台上为孩子选取孩子感兴趣的资料，解决了家长在家无从下手指导孩子学习的难题。此外，平台还具有在线沟通的功能，幼儿可在线提问、在线检测。教师能够及时在线答疑，有针对性地指导幼儿学习。

(3) 多元互动，构建即时交流系统

多元交流，强调交流对象的多元以及交流手段的多元。交流对象的多元指的是教师、家长、幼儿的互动。交流手段的多元指的是提供相对私密并满足不同需求的沟通环境。教师与家长、教师与幼儿可以利用师讯通等软件客户端进行实时登录，实现一对一交流，班级内家长、学科教师之间也可以相互通信，交流思想。与此同时，综合应用平台还支持教师、园长快捷发送各种通知，如家长会通知、放假通知、活动通知、活动情况总结等。家长只要登录平台就可以收到来自幼儿园的教育信息通知，对幼儿园的一切动态了如指掌。

除此以外，平台也支持创建专属交流空间，教师可针对家长关心的不同话题，建立不同的专题聊天室，如幼儿心理健康教育专题聊天室等，供感兴趣的家长一起研究探讨。

2. 数字化平台多元沟通模式的探索实践

除了上述内容，平台上可以以班级为单位建立网上教室，通过线上教学、教师答疑解惑、线上互动指导等拓展教育新模式。此外，平台还开设了有关"英语写作""数学天地"等内容的课外专题活动，指导幼儿进行网上交流学习，提升幼儿的学习兴趣和实践能力，让幼儿在学习中有个快乐的童年。

教师也会利用数字化幼儿园综合应用平台学习系统中的数据提取功能，使每个孩子在园期间的信息形成一个完整的数据包，在家长会时反馈给各位家长，让家长更全面地掌握孩子在园的情况。家长也可以向教师介绍孩子在家的学习情

况，有助于教师更有针对性地开展教育和指导。

案例　S幼儿园利用数字化平台在暑期开展了"网络创作大赛"活动

2021年6月到7月，S幼儿园利用数字化平台开展了暑期"网络创作大赛"活动。活动要求孩子精选自己暑期的一天活动拍成照片上传至网站，之后由家长、教师以及网络评论共同评选出冠军。这种竞赛方式激发了家长与孩子的参与热情，也建立了更浓厚的亲子关系。

到7月底，网站上已经上传100多篇作品，浏览人数达到700人次。最终，经幼儿园评定，有50篇文章荣获了此次网络写作大赛的奖项。暑期活动期间，任课教师能够通过此平台实时了解幼儿的习作情况并给予指导，填补了幼儿暑期业余时间的空白。由于此次活动取得了意想不到的效果，家长都希望幼儿园在今后可以多组织类似的活动，让幼儿得到更好的锻炼。

"数字化校园综合应用平台"是家园沟通的新模式，这种专业、便捷的数字化沟通方式紧跟时代的发展，为年轻的家长解决了"没时间"的问题。当然，目前这种数字化工作还处于尝试阶段。未来，数字化的家园沟通发展模式将像一首激昂的乐曲，用和谐热情的节奏和婉转动听的旋律，为幼儿园的特色教育与家园共育开创一片新天地。

（三）钉钉、腾讯会议：幼儿园线上家长会

家是孩子的避风港，幼儿园是孩子成长的摇篮。即使在疫情期间，家园之间的交流也从未受到影响，因为一种特殊的家园沟通方式——线上家长会"诞生"了。腾讯会议、钉钉、企业微信等成为大家在疫情期间使用非常多的App软件。

1. 相约"钉钉"，从"心"相聚

为了了解幼儿在复学前的生活情况，提升家园共育的效果，家园共同关注孩子的健康成长，P幼儿园根据各班的特点，在假期开展了线上家长会活动，通过

网络传递教师的关爱，与家长共同携手为孩子创造美好的未来。教师在家长会上合理地提出"如何使孩子变得积极主动""如何培养孩子的责任感""如何培养孩子学习的乐趣"等家教中的难点和热点话题，教师与家长、家长与家长在虚拟的网络中畅所欲言，有针对性地进行深入交流。

案例　P幼儿园举办的"云家长会"

各班教师会在班级微信群提前通知每一位家长线上会议的时间以及主要内容，尽量确保每一位家长都可以准时参加会议。

P幼儿园园长为家长讲述了复学前园所对新冠肺炎疫情防控的各项举措和应急处置办法，对幼儿园入园前准备、疫情期间日常保教流程、防控疫情应急处置流程等做了详细说明，消除了家长对孩子入园的顾虑与担忧。

在中班组，教师根据这个年龄段孩子的特点，对家长进行知识普及和讲解，同时与家长交流班级下学期的工作，并且在最后总结时称，教师会在未来的日子里与家长共同携手，让孩子更加健康快乐地成长。

针对小班的幼儿，教师同样与家长进行了线上"云家长会"，给予家长更专业的育儿知识。屏幕虽然隔开了家长与教师之间的空间距离，却隔不开家长与教师共同关爱孩子的心。

除此之外，新学期的到来，还将有一群可爱的孩子加入P幼儿园中，教师会让新生的家长明确地了解孩子在幼儿园的一天都有哪些活动，并告诉家长，面对孩子的分离焦虑症，该怎样让孩子快速地适应幼儿园生活。经过这一次用心沟通，家园之间的距离被拉近了，坚定了彼此携手向前、静待花开的理念。

线上家长会不仅开启了教师与家长的新型沟通模式，同时也让家长感受到幼儿园对待孩子的认真与用心，增加了彼此的信任。相信在家园相互信任、相互支持的共同努力下，每个孩子都能够更加健康、快乐地成长。

2. 腾讯会议在线操作指南

与钉钉类似的App还有腾讯会议，下面我们就以腾讯会议为例，简要说明如何召开一场线上家长会。

第一步，打开手机微信"发现"页，单击"小程序"。

第二步，在搜索栏中输入"腾讯会议"，单击进入。

第三步，进入之后，单击"立即使用"。

第四步，进入页面之后，可在"会议号"中输入幼儿园提供的会议号码，将"入会名称"改为"××家长"，值得注意的是，入会前要确保麦克风、摄像头是关闭状态。

第五步，在完成输入后，单击"加入会议"。

第六步，家长如果有发言需要，可单击左下角的"解除静音"。

第七步，主持人同意发言申请后，家长发言。

第八步，家长发言结束后，再次单击左下角静音按钮，结束发言。

虽然家园沟通的方式改变了，但教育的用心从未改变。即使是在线上，家长同样能够感受到幼儿园以及教师的用心与爱心。因此，线上家长会活动为家园的良好沟通又增添了一条新渠道，让孩子拥有健康、快乐的幼儿园生活。

（四）其他数字化沟通方式，总有一款适合你

1. 网络社群：利用客户端等工具实现教师与家长一对一交流

网络社群是家园共育最为关键和特殊的途径之一。由于网络社群与家园共育工作中强调的平等性和及时性相吻合，我们还是将网络社群单独列出来，作为家园共育的主要途径之一来介绍。

网络社群工作可分为网络学习交流和幼儿学习生活交流两大类，前者主要以幼儿为主体，后者主要以家长和教师为主体。

对幼儿来说，学习生活交流基本是在幼儿园里完成的。在网络上，幼儿更

注重的是对日常学习的个性化的补充。对家长和教师来说，所有的网络社群都是一种精神生活，微信群、QQ群和幼儿园的网上论坛，都是以孩子为中心进行探讨、交流的。其实，家园共育本身是一种能够取得共作效应的教育行动。在家园共育中，网络社群则是最容易体现共作效应的主要途径。正如美国人格心理学家奥尔波特提出的"社会促进"概念那样，网络社群能够将我们在幼儿教育之中难以发挥的作用充分地发挥出来。

2. 针对不同类型的家庭教育，创建专题交流空间

幼儿园每学期都可以开展几次家长开放日活动，让家长参与孩子在幼儿园的生活和学习，深入感受幼儿园的文化理念。根据家长不同时期的心理需求，幼儿园可将每次开放日的主题设计成不同的形式与内容。例如，"家园相约面对面""爸妈进课堂""与孩子一起成长"，等等。

家长开放日活动不仅可以增进孩子与孩子、父母与孩子的感情，还可以促进家长与教师沟通。它给新生家长最大的感受就是：孩子既能自主自理，也能和小伙伴打成一片，真的是长大了。

案例　欢乐游园会，在游戏中成长

在"零起点"背景下，扬州市Q幼儿园的教师以幼儿阶段所学知识为基础设计了一系列富有挑战性的、生动有趣的闯关游戏，孩子们可以应用自身储备的知识进行闯关。游戏采用"金章""银章""铜章"等充满趣味的激励方式，对幼儿进行合理评价，并建立"一人一本"的数字化档案。这种方式不仅深受孩子欢迎，也得到了家长的广泛支持与认可。如今，该幼儿园已经将其作为日常教学的主要方式。

3. 企业微信

在数字化沟通中，我们希望通过企业微信将幼儿园的管理层、教师、家长连接起来，实现家园共育的完美结合。这也是我们期望实现的一个价值点。因此，

我们需要做到以下两点。

第一，我们通过幼儿园内部统一的移动端协同平台连接到教师这一级，目的是帮助教师减负。此外，企业微信的另一个价值是成为协同内部的通信工具，让内部工作人员明确整个组织框架。在这样的通信组织框架系统里，大家可以进行无缝交流，具有已读、未读、消息待办、回执等功能，其功能超越了微信、QQ。

第二，通过链接微信构建数字共育平台。企业微信可以一键发起直播上课，同时也可以进行连麦互动。内部的微盘可以发布公告，让教师有更多的时间与精力与家长进行有效沟通。除此之外，园所还应尝试构建具有完整组织框架的班级群，使之成为家长与幼儿园沟通的渠道。家长可以在群里与教师进行沟通交流，无须改变任何操作方式。

教育的过程是漫长的，不管采取何种方式，我们都不能急于求成，帮助教师减负增效，帮助家长回归到家庭教育中，使其各司其职，不断优化，才能早日实现家园共育的美好愿望。

第六章

成长数字化：打造让师生更幸福的数字化幼儿园

有位哲人曾说："人的任何一种追求都是对幸福的追求。"作为教师，应时常思考如何让孩子在受教育的过程中体会幸福，快乐成长。作为园长，要努力让教师幸福地工作，享受工作中的幸福。

随着互联网、人工智能、大数据等信息技术深入各行各业，教育领域也在此影响下掀起了无数次改革的浪潮。尤其是近两年，很多线下教学受疫情影响被迫转到了线上。

虽然这场由疫情催化的数字化转型升级看似一场被动的变革，充满了坎坷，但事实证明，数字技术赋能教育领域大大提高了教学质量和效率。随着在线教育平台越来越完善，在传统线下教学模式中困扰教师的问题可以在线上找到解决方案，最终提升教师的幸福指数。

一、近视防控与视力筛查:"亮眼"行动从娃娃抓起

幼儿时期既是孩子身心健康发展的关键时期,也是孩子身体素质提升的重要时期。从根本上落实幼儿的近视防控工作,是落实《中国防治慢性病中长期规划(2017—2025年)》等文件要求的具体举措,也是贯彻"节点前移、预防为主、防控结合"方针,从而降低幼儿近视率,提升幼儿未来的竞争力和幸福感,加快推进"健康中国"建设。

1. 近视防控与视力筛查存在的难点与模式可行性分析

全国不同地区针对幼儿近视防控采取的措施多种多样,大部分地区为呼吁幼儿园、家长重视用眼卫生,经常举办各类近视防控专题公益讲座,也有一些地区对幼儿视力情况开展了调查工作,而抽样化的调查并不能代表全部的情况。

表6-1展示的是宁波市从现实情况和条件出发,幼儿近视防控工作存在的四大难点。

表6-1　宁波市幼儿近视防控工作存在的四大难点

难点	具体内容
难点1	宁波市本地尚未建立数据库，未能形成相应的幼儿视觉健康档案，原有筛查都以医院自主筛查、手工记录为主。
难点2	宁波市幼儿近视防控筛查工作由于时间紧、任务重、数量大，因此传统筛查与防控模式效率都比较低。
难点3	宁波市幼儿近视防控筛查具有次数频繁、常态化等特点，往往导致专业人员紧缺。
难点4	宁波市制定有效的幼儿近视防控策略需大量有效的数据作为研究、分析的支撑。

目前，市场上关于幼儿近视防控筛查的模式主要有以下两种。

（1）教卫协同、园内自查模式

教育局和卫健委协调幼儿园与医疗服务机构之间的工作。幼儿园教师一开始需要参加简单的理论与操作培训，之后在专业医疗服务机构指导下负责幼儿近视筛查工作，并随着工作内容与任务的变化做出相应调整。

（2）购买服务模式

专业医疗服务机构入园筛查，医务人员会自带设备入园检查。然而，由于每年有4次普通筛查任务，医院筛查模式可能会出现沟通协调难、专业人员紧缺、需筛查人员数量多等问题。这种模式不但工作效率低，而且成本也比较高。

对比来看，宁波市在全市普查过程中更适合采取教卫结合的园内自查模式，执行筛查任务时要以"由政府来承担基本筛查和基本管理""由家庭承担健康管理和问题诊治"为原则，采用的筛查方式应既客观、快捷，又经济、高效且具有可持续性，设立问题导向诊治通道和干预路径，以形成多部门联动的有效防控体系。

幼儿近视防控与下一代健康、国家未来发展息息相关。宁波市作为国家试点地区，应更加积极地根据相关文件的精神与要求，总结各地的优秀做法与经验，让宁波市近视防控普查工作全面落地。例如，制订宁波市幼儿近视防控软硬件整体解决方案，通过高效化筛查，为每个幼儿建立"一人一档，档跟人走"的电子视力健康档案，并结合大数据分析为不同的防控主体提供监测与动态互动，提醒视力异常的幼儿所在幼儿园、班级、教师以及家长予以重视，使之成为近视综合防控决策的有效科学依据。

2. 近视防控与视力筛查数字化建设方案

宁波市幼儿近视防控工作的有效开展需要制订近视普查标准化流程和基础性工作方案，为使这两个目标需求落地，数字化建设方案分为两部分内容：宁波市幼儿近视防控系统平台与智能视力筛查设备。

幼儿近视防控系统平台的构成，见表6-2。

表6-2 幼儿近视防控系统平台参考方案[①]

系统	筛查项目	筛查内容
幼儿近视防控管理系统	机构管理	精细化的机构类型，支持创建公办幼儿园、民办幼儿园、单体医院、集团医院等不同类型的机构；学生信息管理模块能够完整地记录每个幼儿的各个阶段视力健康档案，并伴随其终身，可实现省、市、县幼儿园多级管理权限，可追溯整个筛查流程数据；结合大数据分析系统，支持为相关不同部门提供精准的多维度灵活报表，使其及时掌握幼儿视力的实际情况，制定和实施科学有效的近视防控措施。
	幼儿基础信息管理	
	筛查管理	
	任务管理	
	设备管理	
	统计分析	
	权限管理	
智能筛查硬件管理系统	电子视力表	通过内置的数据传输模块用移动端上传筛查数据；家长和教师可通过移动端H5网页或小程序随时查看幼儿的视力报告，以及专业的视力检测结果建议；系统将近视检测设备、数据传输平台和大数据分析决策相融合，形成一套具有完整性、客观性的集成体系，全面推动幼儿近视防控普查工作开展。
	智能电脑验光仪	

幼儿近视防控系统平台具有稳定性、安全性、易操作性、可扩展性等优势，见表6-3。

---

① 幼儿近视防控系统平台参考方案：根据《宁波市教育局直属学校近视防控项目建设方案》制订。

表6-3 幼儿近视防控系统的优势

优势	具体内容
稳定	系统建设过程中采用的是国内领先的硬件产品以及最新的软件开发技术和开发工具，能够科学有效地进行系统设计、测试等，确保了系统运行的稳定性。
安全	系统不但有一定的容错能力，而且当用户输入错误信息时，还会自动识别、自动修复或提示用户重新输入，当系统出现故障时，可及时修复软硬件，保障了网络安全性和处理安全性。除此之外，系统还可对外部的非法访问、非法入侵进行有效阻止，同时也支持自动以及手工备份数据，防止数据丢失、损坏。
易操作可扩展	系统的管理界面采用直观图形，便于操作。此外，还设置了各种快捷入口操作，支持各项功能一键到达。从可扩展性上讲，系统拥有系统结构、功能设计等扩展功能，可满足用户今后对系统扩展的需求。

本系统总体技术构架建立始终遵循的原则是"整合资源，信息共享""安全保障，业务协同"。架构为多层模式，将信息资源库和公共服务作为系统开发的基础，实现共享资源，提供优质服务。

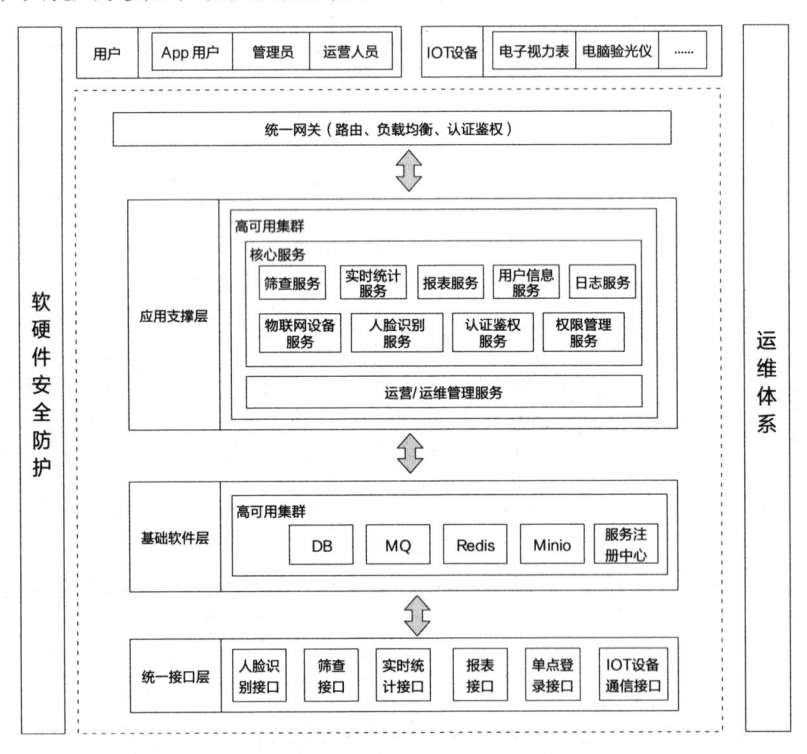

图6-1 软硬件安全防护系统逻辑架构图

图6-1所示为软硬件安全防护系统的逻辑架构图,整体展现的内容包括以下四个方面。

(1)应用系统建设

应用系统建设是项目的一项重点内容,在服务管理架构模式下搭建应用系统可将应用组件进行全面有效地整合,使系统平台在管理和维护方面更加统一化。

(2)支持采集、管理筛查数据

整体应用系统可以接入多种设备,基于全面的接口管理体系,以搭建相应的设备模板,将采集后的数据进行有效的资源审核和分析处理,之后进入数据后台对其有效管理。

(3)数据分析与展现

在采集数据完成后,系统可通过一系列的数据分析处理,对数据进行查询、分析、统计等,实现资源的高效管理与展现。

(4)数据的应用

最终,系统管理平台会将数据分发给链接了系统的重要外部人员,也就是我们常说的"第三方"。例如,省教育局、市教育局、区教育局、幼儿园、医院以及家长等,相关人员可以使用不同的权限登录,并查询与管理相关的资源,从而使整体应用服务质量得到有效提升。

在具体建设方面,同样可分为硬件与软件建设两个部分。表6-4为硬件产品建设内容。

表6-4 硬件产品建设内容

仪器名称	参数	具体参数要求
液晶视力表	屏幕尺寸	≥19英寸
	分辨率	≥1920×1080 dpi
	最大亮度	≥300cd/m^2,屏幕无反光
	视标类型	E视标
	视标等级	4.0-5.3
	安装方式	包安装
	数据传输方式	蓝牙,支持安卓7.0以上,支持蓝牙4.0,同时支持IOS和安卓系统,传输距离≥15米
	资质	提供二类医疗器械注册证

续表

仪器名称	参数	具体参数要求
智能电脑验光仪	最小测量瞳孔直径	≤φ2.0mm
	顶点距	0/12/13.5/15mm可选
	显示屏	≥10英寸彩色TFT液晶显示器，液晶屏支持多角度翻转
	瞳距	含10～85mm
	屈光度测量模式	球镜检测范围：含−20D～+20D（0.12D/0.25D精度）
	柱镜检测范围	含−8D～8D（0.12D/0.25D精度）
	轴位	1°～180°（1°精度）
	角膜曲率测量模式	角膜曲率半径：5.00mm～10.00mm（0.01mm精度显示）
	角膜屈光	33.5D～52.0D（折射率：1.3375）
	角膜散光	含−10.00D～+10.00D(0.05D/0.12D/0.25D精度显示) 角膜散光轴位：0°～180°（1°精度）
	接口	USB/RS-232/HDMI，支持内置传输模块
	内置打印机	热敏打印机
	资质	提供二类医疗器械注册证

幼儿近视防控建设方案除了硬件外，还包括软件产品，如视力筛查App、H5或小程序视力查询等。

(1) 视力筛查App

目前，幼儿视力检查模式是通过传统的灯箱视力表以及电脑验光仪对幼儿进行视力检查，整个筛查过程效率较低。如采用视力筛查App（包括Android和IOS）可借助蓝牙或Wi-Fi连接智能电子视力表、智能电脑验光仪，通过人脸识别、扫描幼儿档案二维码等形式精确识别幼儿，同时也保证了数据采集的稳定性和安全性，实现幼儿检查数据与其个人健康档案记录同步。不需要社区医院入园，只需经过专业培训的幼儿园内部医生或教师就可顺利完成整个筛查工作，很大程度上提高了筛查的时效与采集数据的精准度。

(2) H5或微信小程序视力查询

目前，在整个幼儿近视防控工作中，家长由于无法实时了解幼儿的视力情况，因此参与度比较低。有些家长在对幼儿近视情况的理解上存在偏差，常常导致幼儿近视度数大幅增加。如果让家长更加及时地了解孩子的视力情况，家长就会积极参与幼儿近视防控工作。微信公众号H5或微信小程序视力查询可帮助家长实时了解幼儿的视力情况，通过实名认证绑定手机号的方式进行注册、登录，可轻松查看幼儿最新的视力检测报告以及建议。系统还与对应的医院门诊预约系统对接，支持视力不良的幼儿的家长与指定医院门诊专家进行一键预约，可有效改善幼儿视力不良的发展趋势。

3. 数字化建设方案的系统需求

数字化幼儿近视防控建设方案拥有"平台+智能硬件"的整体解决方案，通过任务管理、权限管理、设备管理、幼儿园的幼儿基本信息管理等功能，解决多方协作难、任务管理与人员统筹难等问题，筛查全流程信息可追溯，实现信息共享等实际业务需求，实现"一档一库，档跟人走"，使管理全流程更加精细化，让筛查数据的安全性、真实性更强。

数字化幼儿近视防控建设方案通过采集幼儿视力、用眼习惯等相关数据，实时为家长手机端推送幼儿视力检查数据智能分析、预测报告，并提供有针对性的保健指导与科普知识。此方案也为家长提供幼儿近视防控预约和咨询通道，使幼儿后续的跟踪治疗变得更加方便。系统平台还可根据区域、计划、幼儿园、年龄、性别、视力、屈光等不同条件的变量，按需进行多维度筛查情况分析、对比与统计，之后制成报表，提供给各部门，使其更加精准、细致地了解所需信息，制定科学有效的幼儿近视防控策略。

此方案不但支持家长使用手机端对幼儿进行人脸采集、查询孩子的检查结果，而且也支持大于300万本地人脸库，实现检索时间小于500毫秒、识别率高于99.9%，使大规模筛查过程更稳定，确保了数据的安全性。

此外，数字化幼儿近视防控建设方案的设计比较科学、灵活，适用于园内自查、医院入园筛查、普查、抽查等各种模式，可根据不同角色的需求、应用场景、使用习惯等进行匹配以及同步使用。教师、医生以及政府工作人员，同样可通过专业的培训进行视力筛查和后台管理，这样的解决方案不但减轻了防控的工作量，而且提升了工作效率。

近些年幼儿近视率越来越高，唯有尽早使幼儿视力的筛查工作落地，才能帮助家长更早、更及时地认识到幼儿视力防护的重要性，让幼儿从小具有爱眼、护眼的意识，学会正确用眼。幼儿未来的美好"视"界需要我们共同守护！

二、照明灯光：给孩子一个更适合眼睛发育的环境

世界卫生组织的一项调查表明，我国目前近视患者已达6亿人，青少年近视率在世界上高居第一。此外，国家卫健委于2020年9月至12月全面开展了近视专项调查，结果显示，我国青少年总体近视率为52.7%，近视低龄化问题依然十分严峻。无论是民族的文明进步，还是国家的发展壮大，都需要代代传承，接续努力，幼儿园及家长要高度重视近视低龄化问题。

1. 目前我国一部分园所教室照明环境存在的问题

为了防止幼儿视力受到照明环境影响，幼儿园要从根本上改善教室的灯光照明环境。为此，有些幼儿园邀请专业技术人员在教室里为幼儿安装了专用的护眼灯，以确保教室内所有灯具的各项指标都达标，让幼儿园每个教室的光环境在保持亮度充足的基础上，将眩光降低到最小化，避免损害幼儿眼睛。另外，为保证教室中的光线无叠加、无死角，幼儿园还需对教室中的照明灯具所在的位置进行调整，真正为幼儿打造健康、舒适的教室光环境。

表6-5是我国《综合防控儿童青少年近视实施方案》对幼儿园教室照明设计规范提出的标准。

表6-5　幼儿园教室照明设计规范标准值

房间或场所	维持平均照度（lx）	眩光值UGR	显色指数Ra	参考平面及其高度	照度均匀度	维持垂直照度（lx）
活动室	≥300	≤16	≥80	地面	≥0.7	——
专用教室（美术教室除外）	≥300或≥500	≤16	≥80	0.5m水平面	≥0.7	——或≥200
美术教室	≥500	≤16	≥90	0.5m水平面	≥0.7	≥200
多功能教室	≥300	≤16	≥80	地面	≥0.7	——
本标准维护系数应达到0.8						

事实上，我国一些幼儿园的教室照明环境依然处于不合格状态。教室照明环境存在不达标的现象，主要体现在以下8个方面。

（1）教室照度不足

教师和幼儿在上课时能否清晰地看到教学和学习的内容，完全取决于教室的明亮程度。光线太强或太弱都会对幼儿的视力造成一定的影响。目前，我国大部分幼儿园的教室照度在150—300lx（光照度）之间，这个数值不但比国家标准值低，而且远低于其他发达国家的标准要求。智慧照明改造后的教室照度能够得到大幅提升，照度值可达到400lx以上。

（2）教室照度均匀度不够

幼儿园教室照明环境普遍存在光线分布不均情况，有的教室内的照度均匀度低于0.6，达不到国家标准。教室中某些区域光线不足可造成幼儿视力减退，对幼儿的学习有很大的影响。智慧照明灯具采用的是专业照明设计，照度均匀度优于国家标准，可达0.75，对幼儿的视力健康起到了有效的保护作用。

（3）教室照明色温过高或过低

当教室的照明色温过高时，教师和幼儿容易出现紧张的情绪。当教室的照明色温过低时，教师和幼儿又容易出现极度慵懒的情绪。智慧照明系统专用灯具一般提供中性色温，能够通过提升教室空间的舒适性保证教师和幼儿具有愉悦的视觉心情，从而提高教师的教学质量。

（4）教室照明显色指数低

多数幼儿园教室的照明灯具显色指数较低，影响幼儿学习的辨识度，造成幼儿视觉疲劳，尤其是美术教室等对色彩要求较高的教学空间，更会凸显视觉效果差，导致幼儿出现视力极度疲劳的情况。智慧照明灯具恰恰弥补了这一不足，能够提供卓越的色彩还原能力，为教师、幼儿营造健康舒适的教学空间。

（5）教室照明蓝光危害

波长在400～450nm之间的短波蓝光是具有较高能量的光线，对幼儿视网膜的危害程度最大，增加眼睛内的黄斑区毒素量，直接威胁幼儿的视力健康。智慧照明灯具通过专业的光学设计，达到无危害级别，从而有效避免蓝光对幼儿视力产生危害。

（6）教室照明眩光超标

幼儿园使用的普通照明灯具往往会将光线直接照射到人的眼中，导致教师、幼儿感到刺眼、头晕等，加剧视觉疲劳，从而出现注意力不集中的现象。智慧照明为达到无眩光、不刺眼的照明效果，利用防眩格栅专利技术，使教师和幼儿上课时注意力更集中，保障了他们的身心健康。

（7）教室照明耗能严重

经专业实验检测，幼儿园每间教室如果共有9盏教室灯、3盏黑板灯，以平均每天开灯8个小时，一年开灯200天为时间点，相同照度下普通教室灯具年耗电会达到1760千瓦时，而智慧照明灯具仅消耗720千瓦时的电量，可以平均节能59%。

（8）教室照明维护成本高

幼儿园教室一般采用的是三基色荧光灯，寿命为8000～10000个小时，而且日常光衰减十分严重，需要频繁更换，维护成本比较高。智慧照明灯具平均使用寿命相对较长，可达3万个小时以上，光衰较小，不需频繁维护，维护成本相对较低。

2. 智慧照明——幼儿园照明整体解决方案

由上述内容可知，智慧照明不仅可以提供良好的照明效果，而且能够帮助幼儿园解决传统教室光环境中存在的许多问题。一次，笔者在某幼儿园举办的研讨会上听取了"智慧光环境方案"中的些许建议，受益匪浅。

在设计方面，智慧照明灯具采用更人性化、简约大方的外观设计，拥有防辐射、光照均匀性好等特点。柔和的光线不但不会给人刺眼、头晕的感觉，而且会让人眼睛保持舒适性，甚至可以起到缓解疲劳的作用。

在节能方面，智慧照明灯具可以支持根据自然光条件合理地调节灯具光照度，同时也支持根据室内人数来调整灯具的开启数量。这样的操作可以在保证照明质量的前提下，避免能源的浪费，并且延长了照明灯具的使用寿命，降低灯具的维修费用。

在智慧光环境的建设中，考虑到幼儿视力的健康需求，要注意以下问题。

（1）达到光环境的标准

在幼儿园的教室环境中，需要关注的对象包括：黑板、教师、书桌、书本以及上面的吊灯、天花板和侧面的墙与窗户。为了给幼儿提供舒适的光环境，应该在建设智慧光环境时尽量确保使用智慧照明灯具，从根本上保护幼儿的视力健康。

（2）采用人工智能控制

我们可以应用人工智能系统结合感应器感应实际场景中的照明光线的亮度，实现对光的自动调节，达到远程操控的目的。

（3）利用多种模式控制

在教室照明光环境设计中，通过调节模式、自习模式、投影模式等多种模式，为幼儿营造舒适的照明环境，不仅可以提升幼儿的学习效率，也可以让教师的教学达到事半功倍的效果。

（4）人机工程学灯光特色

教室光环境打造可以结合人机工程学设计原理，有效地改善室内教学环境，为幼儿提供非常舒适的学习场地，有利于幼儿和教师身心健康，进而提升幼儿的学习效率。

除此之外，我们应在设计上更关注以下几个要点。

（1）健康性

我们在设计教室光环境时应更加关注照明灯具在健康方面的使用标准要求，其中包括眩光、频闪以及光生物的危害等，见表6-6。

表6-6 教室光环境的健康性

光源	危害	标准
眩光	眩光危害通常是指教室内亮度分布不均或者亮度过高，视野在极端的对比亮度范围内，引起幼儿不舒适的感觉或降低幼儿视力的视觉现象，通常称"晃眼"。	UGR≤16，做到见光不见灯
频闪	频闪危害是指教室的光线变化重复且快速，光源跳动和不稳定，对幼儿的眼睛产生危害。	光输出波形的波动深度≤1%
光生物	光生物的危害体现在蓝光、紫外线等光生物对幼儿视力的危害。	无蓝光危害，无紫外线等光生物危害

（2）舒适性

舒适性是教室照明光环境设计中需要考虑的最重要的因素之一。我们需要根据不同的场景自定义最佳的照明方式，以便为幼儿提供最舒适的用眼环境。

（3）节能

幼儿园教室的照明光环境设计还应关注节能问题，上面我们已经提到，智慧照明灯具相对于传统教室的灯具更节能，表6-7展示了智慧照明灯具的节能情况。

表6-7 智慧照明灯具的节能情况

幼儿园30间标准教室，每间教室9盏照明灯							
类别	智慧照明灯			传统教室灯		
^	智慧照明灯功率（W）	单间教室数量（盏）	小时/天	单灯功率（W）	单间教室数量（盏）	小时/天
^	36	9	10	80	9	10
度/天	3.24			7.2		
幼儿园30间教室	97.2			216		
一年200天（度）	19440			43200		
节能（度）	23760					
节能率	55%					

（4）安全性、可靠性

一般教室面积约40m²，幼儿园教室照明光环境的设计还应确保安全性和可靠性，其中包括安规（产品认证中对产品安全的要求）、电磁干扰、电磁兼容以及照明灯具的使用寿命等。只有确保照明灯具使用安全、可靠，才能使幼儿学习环境得到安全保障。

当然，当各项指标达到标准以后，我们还要构建数字化的运营系统，以确保整个智慧照明光环境的设计和建设更加完善。

（1）智慧校园物联平台管理系统

智慧校园物联平台管理系统利用先进的ZigBee[①] 无线通信、4G通信、云计算、移动物联网等技术，远程集中管控教室护眼灯，同时采用低耗触摸屏以及自动识别功能，通过传感器和软件两种手段，应用环境照度自动调整亮度、远程照明控制、故障主动报警等功能，以达到节省电力资源和维护成本的目的。

（2）集中控制系统

照明方式通常包括一般照明（含分区一般照明）、局部照明、综合照明和特殊照明四种不同的模式。一般照明通常只考虑整体照明效果，不考虑局部的特殊需求；局部照明是为满足教室特殊位置需求而设置的一定范围内的照明方式；综合照明是由一般照明和特殊照明组成的；特殊照明是利用不同性质的光束帮助人们观察、操作的照明方式。幼儿园通常采用综合照明及特殊照明相结合的方式，感应黑板灯和教室灯不同位置的光的亮度，自动调节不同的模式，以保证幼儿的视力健康和学习效果。

（3）控制转换系统

幼儿园可通过智能系统模拟人类智能活动，以感应、控制光环境的变化，从而实现节能、环保的效果。与此同时，幼儿园教室灯光的管理也逐渐趋于智能化、自动化，例如教室灯光的声控等。我们应做到慢慢让人脱离机器操作，达到远程也可以操作教室灯光的先进管理水平。

---

① ZigBee：也称紫蜂，是一种低速短距离传输的无线网上协议，底层是采用IEEE 802.15.4标准规范的媒体访问层与物理层。

（4）中央控制显示系统

中央控制显示系统具有全自动模式、课间模式、自习模式、投影模式等多种功能，幼儿园可通过中央控制显示系统采集现场数据，并将采集的数据上传给服务器，接收来自服务器的管理控制命令，从而实现对教室内投影和互动教学一体机等教学设备统一化、全自动控制。教师只需使用一键开关设备或者借助控制屏单独操控，即可轻松、简单地完成整个操作，如图6-2所示。

图6-2　中央控制显示系统模拟效果图

（5）智慧传感控制系统

智慧传感控制系统是基于STM32微控制器的室内环境智能检测和控制系统，幼儿园的教室环境可以通过此系统利用空气温度、空气湿度、光照强度等传感器，实时检测和分析室内温度、湿度、PM2.5，并将检测结果形成相应的数据显示在屏幕上，便于教师分析室内环境健康状况，如图6-3所示。

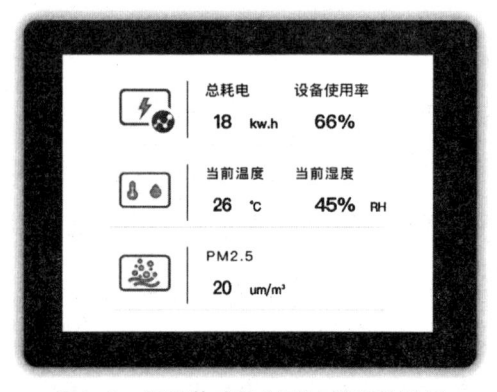

图6-3　智慧传感控制系统模拟效果图

(6) 移动端设备控制

远程集中控制管理平台为B/S架构,管理人员在授权后登录移动终端设备,单独控制每个教室内的设备设施,包括控管本班电源、空调、灯具、教学设备等,从而实现智能操控、智能调节、智能中控等操作的远程管控。

由此可见,教室物联智慧灯光系统除合理有效地利用照明灯光为教师和幼儿提供舒适的照明光环境外,还从多方面展现了智慧照明系统的优势,见表6-8。

表6-8 教室物联智慧灯光系统的优势

优势	具体内容
节能环保	智慧教室照明灯可通过自动感应教室中的光线自动调节消耗功率,能耗非常小,仅为白炽灯的1/10;智慧照明灯组装部件很容易拆装,不含汞(Hg)等对环境有害的物质,不含红外线、紫外线,既节能环保,又健康安全。
使用周期长	教室智慧照明灯的使用寿命可超过3万个小时,幼儿园日常使用此灯可谓"一劳永逸"。
容错性	智慧照明灯在高速工作状态下,若是频繁启动或关断,灯丝就会发黑,自动损坏。
显色性好	相比传统灯具来说,智慧照明灯的灯光颜色更接近白光,物体在这种光线照射下呈现的颜色与本色更相近。
感应速度快	智慧照明感应速度很快,消除了传统灯启动时间长的弊端。
多模式控制	当幼儿上课、使用多媒体时,智慧照明灯可以通过中央控制系统自动感知,为幼儿提供不同的灯光,进而保护幼儿的视力。
远程控制	智慧照明灯光可以让教师在教室无人的情况下,通过移动端远程操控教室的灯光,非常方便。

总之,在这套教室物联智慧灯光系统的最初设计阶段,已将节能环保纳入了该系统的设计要素之中。通过长期实测显示,教室物联智慧灯光系统中无论哪个照明单元都能实时感知现场的光环境,并通过智慧运算来调节光源的输出功率,大大降低了能源的消耗,相比传统荧光灯,能耗下降70%,相比普通LED灯,能耗下降35%~40%。

综上所述,依靠更换单一产品不能彻底解决改善教室光环境的问题,只有设计一套系统、完整的智慧光环境解决方案,才能最终满足幼儿的视力健康需求,着力为幼儿打造一个健康、舒适、明亮、环保的学习环境。

三、其他智能设备：打造面向未来的数字化教育空间

1. 创设未来数字化教育空间的方向

作为一个集开放、共享、创新、协作于一体的混合教育空间，数字化教育空间借助先进的信息技术创设了不同的学习空间，包括资源空间、活动空间等。数字化学习环境既为幼儿提供了充满个性化的学习资源，又为幼儿营造了时时能学、处处可学、人人皆学的良好学习氛围，也让幼儿、教师以及幼儿园的相关管理人员得到了数字化的服务支持，有效促进了幼儿园教育教学改革创新。着眼未来，打造数字化教育空间，需要重点考虑三个层面的问题。

（1）幼儿园数字化环境的创设

幼儿园在创设数字化环境时可通过移动通信、流媒体技术等终端的合理布置，利用物联网、互联网、教育专网、卫星网等多层网络，构建多层次覆盖的环境感知和种类全面的信息收集装备体系，使静态幼儿园和动态幼儿园实现全面数据化，从而形成全面感知、全方位覆盖的数字化幼儿园环境和线上线下相结合的学习空间。

（2）幼儿园数字化平台的建设

首先，我们可借助大数据、云计算、人工智能等科学技术，建立新的幼儿园功能信息系统。教师可通过此系统对幼儿晨检卡使用数据的统计与分析，了解幼儿的考勤情况与身体健康状况，并将其反馈给家长。

其次，我们还可将所有信息系统的数据交换接口全部打通，构建多功能的数字化平台，具有跨终端使用、统一用户与数据、统一应用服务入口的特点，实现

与区域教育云平台的互联互通，打造融数据中心、基础平台、智能服务中心等为一体的数字化集成系统。

（3）幼儿园数字化服务的支持与提供

创设数字化环境与平台以后，我们需在此基础上将教育与信息技术进行有机融合，形成能够为幼儿、教师以及管理者提供教学、评价、管理等多领域的智能化应用与服务，既能提升教师的教学、教研效果，又有利于幼儿更好地学习、生活和成长，更为管理者评价、管理和决策提供了全方位的支持。例如，某幼儿园利用互联网、大数据和人工智能等先进信息技术构建了"互联网+智能学科教室"的教学空间，通过教学模式的创新，构建了幼儿园数字化教育空间。

数字化教育空间是以幼儿为中心，将虚拟与现实相结合，顺应当代教育发展趋势的教育环境。其建设旨在打破幼儿园的传统教育方式，成为幼儿园数字化建设改革的未来方向。这对幼儿园来说不但是一种挑战，也是一种机遇。教育信息化建设是将技术与教育深度融合，并持续探索的一个过程。笔者认为，未来的数字化教育空间应具备以下几种"融合"趋势。

（1）数字化教育空间与幼儿学习生活的融合

数字化教育空间将通过对幼儿学习方式的变革，满足幼儿的个性化学习需求，幼儿只需手持一部移动学习终端，便能够随时随地掌握各种学习资源，完全不受时间与空间的限制。此外，其利用大数据和人工智能支持幼儿自适应学习的服务，使因材施教的教学理念得以实现，促进幼儿自主化、个性化学习全面发展。

（2）数字化教育空间与教师教学的融合

数字化教育空间也将改变教师教学的方式、方法，转换教师的角色，利用信息化技术，将知识的传递方式从"单向"转变成"双向"，最后到"多向"，使教师从一个传授者的身份转变成一个引导者。同时，技术与教学的融合既优化了教学过程，又提升了教学效率。教师可依靠其提供的丰富的教学资源对幼儿开展更加多元化的教学，也可借助其对全体学生和整个教学过程进行综合测评和智能诊断，同时不断地调整、改进教学方法，以实现精准教学。

（3）数字化教育空间与幼儿园管理的融合

基于数字化幼儿园环境的构建，数字化教育空间通过收集与分析教育实践过程的数据，使幼儿园对教师与幼儿的评价更智能综合化，对园所管理的决策更科学化。在教师与幼儿评价方面，可挖掘和分析教师、幼儿多维度的数据，形成具有综合性、客观化的评价。在幼儿园管理方面，以大数据和智能分析为基础，支持管理层进行科学决策。

2. 其他智能设备应用实践

（1）体感活动室

体感活动室是以互联网技术和AI体感技术为支撑，为幼儿建立的沉浸式交互体验活动教室。首先，它能够为每位幼儿建立健康档案，幼儿参与13项体能器械的游戏测试，利用智能手环通过物联网将记录的运动数据实时上传到手机、平板等终端上，并对幼儿运动情况进行自动统计与分析。其次，在终端所形成的幼儿运动数据库可以让教师清晰、明确地利用有效的运动帮助幼儿提高相应的体能，如图6-4和图6-5所示。

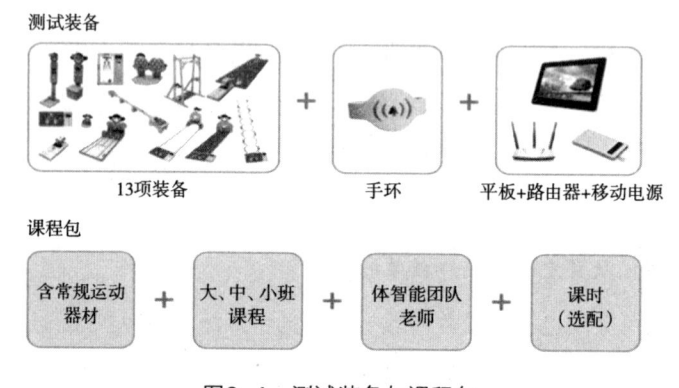

图6-4 测试装备与课程包

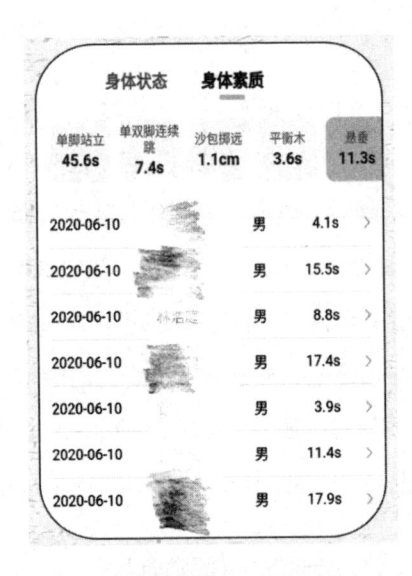

图6-5 身体状态与身体素质统计

（2）创想地面

创想地面是一款融合互联网技术与AI技术形成的多场景化、沉浸式交互体验产品。幼儿可进入特定的虚拟场景中，根据不同的主题游戏在地面上做跳、踢、踩动作，与地面产生互动，伴随幼儿的动作，地面会产生多种多样的虚拟互动效果，让幼儿感受身临其境的体验，激发幼儿的好奇心以及对运动的兴趣，如图6-6所示。

图6-6 某幼儿园的"创想地面"教学设计参考方案

（3）AR活动室

AR活动室利用AR、多屏互动技术将互动游戏与教育课程相结合，以形成"互动体验+数据驱动"的智能AR活动教室。它通过3D体感摄影机、体感互动软件、多屏交互软件以及三维数字内容，采用任务活动的模式，对幼儿的各种动作进行识别，在屏幕上呈现数字内容的交互效果，并完整地记录幼儿的学习情况。例如，"方块世界""魔法涂鸦""消防总动员""神奇弹珠"等丰富的主题与IP内容让幼儿感受沉浸式学习体验，充分激发了幼儿的学习兴趣，培养幼儿的认知能力、艺术创造力以及逻辑思维能力。同时，教师还可根据调查表记录的内容对幼儿的学习情况进行及时统计、分析与反馈，提升教师的教学质量，见表6-9。

表6-9　AR活动调查表

班级	中二班	教师	李老师
1.在进行AR活动时，孩子们最感兴趣的内容是什么？ 　　孩子们对AR活动中的大部分内容都感兴趣，"两两竞赛"的环节提高了幼儿的积极性。			
2.你觉得在这个活动中，孩子们遇到了什么困难？ 　　孩子们遇到的主要困难是对游戏规则的解读，每次游戏前都需要教师进行游戏规则讲解。如果增加一个语音游戏说明，孩子就可以更加自主地玩耍了。			
3.你觉得哪里可以改进？（空间、活动内容设置） 　　一是增加游戏语音解读；二是使用设备开关机操作程序太复杂，每次可能要操作等待10分钟，如果能够缩短开关机的时间就更好了。			
4.其他问题 　　无线网络不够稳定。			

（4）智慧导览

智慧导览是在智能定位、移动互联网、物联网等技术基础上建立的智能化导览系统。考虑到幼儿园平时接待访客比较多，智慧导览不仅可以根据访客需求自动推荐园内地图以及定位目的地，还能够通过高科技无线耳机自动导览，实现全程真人自动语音讲解，帮助访客快速找到所要去的地方。同时，幼儿也可以作为幼儿园的小主人，积极参与互动接待，通过这样的互动形式提升社交能力以及表达能力。

(5) 二维码

二维码是当今比较流行的一种身份识别认证方式，幼儿可通过在自己的作品上粘贴二维码对自己以及作品进行详细的介绍。例如，家长在参观幼儿绘画作品时，可通过扫作品左下角的二维码了解每幅绘画作品的作者以及绘画思路、意义。

(6) 智能机器人及玩具

机器人和玩具是幼儿非常喜爱的东西。在幼儿的心目中，玩具所说的话有时会比成人的话更有说服力，因为它们比人类更有耐心，更接近孩子的心灵。智能机器人可以与孩子进行情绪互动，帮助孩子调节心情，释放不良的情绪。幼儿园也可以将教学与机器人融合，利用互联网技术，根据幼儿的需求对幼儿实施有效教学。幼儿园还可根据幼儿不同的年龄和能力投入不同的智能玩具，通过游戏的方式帮助幼儿提升智力以及注意力，如图6-7所示。

图6-7 某幼儿园的小胖机器人和智能玩具模拟效果图

3. 未来建设的后期设想

数字化教育空间的建设工作是一项长久而艰难的工程，需要我们在未来的科技变革中做到预设充分，并关注投入重点，合理制定目标，配备管理力量，避免踩坑以及关注后期使用效果。

在硬件建设方面，幼儿园将进行全面整合，让智慧教室、智能设备通过物联网实现对接，把系统操作模块进行统一化管理，整合数据并加以利用。在软件建设方面，幼儿园将优化教学设备，应用动画课件，以提升教学质量，利用导图设计帮助教师以及园长梳理操作思路，促进幼儿的能力全面发展，同时通过录播系统资源库，实现优质资源共享，均衡发展教师的专业素养。

其实，数字化教育空间的建设目标主要可概括为以下三点。

（1）推动幼儿全面发展，满足幼儿的个性化需求

可以根据幼儿的年龄特点，在教育教学时以图片形式为主，让幼儿进行阅读、表达；利用iPad、白板等设备，让幼儿可以直观感受，帮助幼儿实现自我管理，助推幼儿全面发展和个性化成长。

（2）提升教师的专业素养

为实现智慧教学的互动、智慧课程的建设，可以利用互联网技术和物联网技术，与教师手机、iPad、电脑等多媒体终端设备相连接，打造智慧教学互动平台。与此同时，还应提升教师的专业素养，让教师定期进行培训，并加强跨园区的交流互动，实现园区优质资源共享。

（3）提升幼儿园的办园质量以及美誉度

可以通过数字教育空间的建设提升保教质量、师资团队的专业度和素养，加强对幼儿园的科学管理，从而使幼儿园的办园质量和美誉度得到有效提升。

当然，在数字化教育空间建设的基础上，我们也需要避免踩坑，注意以下几点：

①建设数字化教室并投入数字化设备时，幼儿园不要轻易相信供应商的产品宣传，要根据实际需求进行试用，试用后谨慎做出决策，尤其要多对比相同功能的产品。

②幼儿园要关注产品后期的维护费用，质保期越久越好，要将软件维保期和硬件维保期区别开，并对各个产品明确标注相关的维修费用。

③幼儿园在前期策划准备时必须拥有强大、稳定的网络，任何设备的投入使用都要有强大网络的支撑。

④幼儿园使用设备生成的所有数据都一定要保留在自己的平台上，不能依托

供应商的平台，防止数据泄露以及后期数据被恶意整合提取，受制于人。

⑤幼儿使用的运动、思维等设备最好有相关课题跟进，同时教师要对这些课题进行深入研究，确保后期对数据持续性分析的推进。

需要谨记的是，数字化教育空间的建设归根结底是将信息技术与教育相结合的一个途径。在这一过程中，我们并非"为了技术而技术"，而是以教育为目的，将技术作为有效的手段，从而在实现教育变革的同时，用技术引领幼儿全面发展。因此，在打造数字化教育空间的过程中，不管技术如何发展，都不要丢掉以幼儿为中心的育人前提，也永远不能改变立德树人的育人目标。

四、情感机器人：
对特殊幼儿的情感陪护与情绪识别

数字化不应只是为健全孩子服务。笔者在调研期间发现，世界上还有很多特殊的幼儿需要特别的呵护。未来若是有数字力量的支持，这将给予特殊儿童更多有温度的照护。

王女士有个患自闭症的儿子，有语言、社交障碍。有时候她带孩子走在街上，孩子会因为某些事情突然当街打滚儿，这时很多路人就会把她当成人贩子，这让王女士感到很无奈。她曾说，千千万万个自闭症孩子家长的共同心愿，就是比自己的孩子多活一天。这话听起来太过心酸。

自闭症，又称孤独症，亦指孤独症谱系障碍，往往发病于3岁前，是以沟通障碍、社会交往障碍、重复性行为、刻板性行为为主要特征的心理发育障碍。患有自闭症的儿童常常被称为"来自星星的孩子"。我国疾病控制与预防中心最新统计数据显示，在我国，每68个孩子中大约就有1名是自闭症患儿。也许他们的行为与众不同，也许他们不知如何表达自我，但他们是真的生病了，不应该遭到误解与歧视。目前，世界上没有特效药能够从根本上治愈这种病，因此很多人一直在持续关注并研究如何利用科技的力量给予这群特殊孩子更多的关爱。

1. 情感机器人如何拯救"来自星星的孩子"？

自闭症患儿一般都有一个共同特点，就是难以识别周围人的情绪，他们不会区分快乐和悲伤。麻省理工学院媒体实验室为帮助自闭症患儿解决这个难题，专门研发了一款情感机器人。机器人在给患儿治疗的过程中能够快速识别孩子的情绪，准确、及时地追踪孩子的状态。这种情感机器人在以下几个方面对孩子有一定的帮助。

（1）缓解自闭症患儿的抵抗情绪

情感机器人对自闭症患儿进行情感认知训练，陌生人的面孔对这些孩子有社会性刺激，这些孩子对非生命体、没有社会性刺激的物体注视时间更长，可以更专注。

情感机器人主要分为三类，见表6-10。

表6-10 情感机器人的三种类型

类型	主要特征
仿人型机器人	这类机器人外貌与人类极其相似，能够引起自闭症儿童关注，通过夸大某个社会线索引导他们集中注意力。
动物型机器人	很多自闭症儿童能够很自然、顺畅地和小动物接触，动物型机器人具有仿真的动物外形，让他们感到亲切，容易接受，这种"机器宠物"备受患儿喜爱。
其他造型的机器人	不同造型的机器人对患儿感官的刺激是不同的，通过独特的造型引起患儿注意是让孩子卸下防备、缓解焦虑的第一步。

（2）准确识别孩子的情绪

情绪识别是个体对自己和他人情绪的识别，包括面部表情、声音、手势识别等。自闭症患儿对情绪识别的能力非常弱，有时候不仅难以表达自己的情绪，还会混淆他人的情绪。大人的情绪表达较复杂，面部表情和声音等变化迅速，自闭症患儿很难捕捉大人的情绪转变。

在帮助患儿识别情绪和理解训练方面，情感机器人具有独特的优势。例如，在罗素提出的情绪环状模式基础上，可以提取多种层次的情感特征进行设置，然后通过面部和肢体表达出来，自闭症患儿可以简单模仿情感机器人的表情和动作。此外，情感机器人可以更准确地分析自闭症患儿的情绪和状态。例如，在情感机器人中引入人类情感元素，系统会对自闭症患儿的情绪进行总结归纳，自动做出检测和评估，通过追踪他们喜怒哀乐的情感反应，帮助我们更了解患儿的情绪。

（3）运用应用分析法矫正自闭症患儿的行为

自闭症患儿有执行功能障碍，总是高频率出现重复行为，不能控制自己的注意力，协调性弱。情感机器人可以通过刺激、反应和强化来更好地实现行为干预，在一定程度上代替治疗师完成大量工作，帮助自闭症患儿提高适应社会的能力。

2. 国内外应用实践案例解析

案例1 特殊的人机情感交互

国外某团队的项目研究人员在诊疗过程中使用情感机器人，创建了不同的个性化学习框架。这些框架可以通过情感机器人和孩子互动时的声音、手势和面部表情影响自闭症患儿参与活动的积极性。

研究人员找了40名患儿进行测试，这些儿童分布在不同的国家，年龄在3到15岁之间。研究人员让这些孩子在40分钟内和情感机器人进行互动。机器人通过孩子的语调、四肢位置、眼睛颜色等拍摄视频，让每个孩子向机器人传递自己的体温，提供皮肤出汗和心率等数据。这些数据代表孩子的不同行为和情绪，最终输入情感机器人的感知模块。随后机器人根据提取出来的相关数据，利用深度学习模型加以分析。

专家通过观察治疗过程发现，机器人对患儿的感知能力与反应评估相关性高达60%，这甚至超出了人类专家的共识度。所以，训练有素的机器人在未来自闭症治疗中可能会发挥更大的作用。

案例2　情感机器人也可以有"温度"

"大家好，我叫思思，是一个情感机器人，这是我的好朋友想想。我们可表达丰富的情感，还能精准地捕捉人类难过、开心、惊讶、痛苦等六种情感。我们是有温度的机器人。"这段掷地有声的自我介绍出自国内一家情感机器人研发团队研制的机器人"思思"的口中。"思思"妆容精致，"想想"西装革履，两个机器人相互搭配、条理清晰地回复每一个问题。

其实，两个机器人的名字合在一起是"思想"的意思，该研发团队希望机器人能够拥有高情商、高智商，更具亲和力，更受人类喜爱和欢迎。这两个机器人已经具备了姿态同步、具有各种复杂的面部表情、人机对话等互动功能。该研发团队为机器人装载的情感语义云计算系统，可以在和人类对话中捕捉语气、语调，通过数据库进行合理分析，然后通过摄像头观察人们说这类话时的表情，综合分析出人类的喜怒哀乐等情绪。

当然，机器人越有"温度"越好，如果能有更高的情商和智商就更好了。例如，当人说"今天心情不错"这句话时，机器人在快速反应出字面意思的基础上，还能感知说话者语气的变化，并分析、判断说话者想要表达的情感。该研究团队当下正在研制小型化的情感机器人，可以佩戴在身上、装在车里，并尝试实现产业化。

对自闭症患儿而言，情感机器人能够快速识别儿童的情绪，通过设定的参数预判儿童的心理变化，做出相应的对策，帮助其加强康复训练。

在希望情感机器人被广泛应用的同时，笔者内心也有一个疑问：情感机器人能否成为自闭症患儿的福星呢？其实，机器人和所有数字化的智能设备一样，它只是我们的辅助工具。未来，机器人技术的发展为自闭症患儿的康复训练提供了新思路和方向，但这不代表情感机器人可以完全取代医学专家或者专业的治疗师。于医生而言，业务和能力要更加精进；于机器人而言，社会化是大问题。

为什么我们不仅要用医疗技术还要使用智能机器人呢？因为人总有累的时候，智能情感机器人比人更有耐心，更能促进自闭症患儿积极参与社交活动。

例如，自闭症儿童很难对父母说心里话，他们会选择和"朋友"讲，情感机器人正好成了很多自闭症患儿的首选。与此同时，情感机器人带有语音互动系统，会满足自闭症患儿的需求，一直陪伴他，和他做"朋友"。这样孩子的孤独感就会慢慢减轻。

随着科技的发展，当自闭症患儿有了情感机器人恰到好处的"陪伴"和"关爱"时，一定会走出那个孤独的世界，成为美好生活的"新星"。

参考文献

[1]王小飞,闫丽雯,姜晓燕.教育数字化转型的机遇与策略——来自中俄国家教育智库研究的启示[J].中国教育信息化,2020(7):1-4.

[2]孟宪忠.我们需要什么样的教育变革?[N].文汇报,2017-04-14(7).

[3]莎拉·奈特.如何建立一个数字化校园[N].许悦,编译.中国科学报,2017-07-04(7).

[4]王云萍.高职院校学前教育专业学生阅读素养培养研究——以河北D职业学院为例[D].秦皇岛:河北科技师范学院,2019.

[5]李茜.基于TPACK的中职教师信息化教学能力提升模式构建研究[D].贵阳:贵州师范大学,2019.

[6]聂玉.X自治区教育行政部门信息化建设问题研究[D].长春:吉林大学,2019.

[7]陆颖,李青.健康中国战略背景下对我国高校体育发展的反思[J].吉林广播电视大学学报,2018(6):99-100.

[8]蒋红.上海开放大学服务学习型城市建设的功能及路径研究[J].开放教育研究,2012,18(5):31-35.

[9]孔得丰.职业院校数字化校园建设的必要性[J].信息技术与信息化,2014(7):20-22.

[10]赵娣.智慧课堂在高中生物学教学中的应用研究[D].天水:天水师范学院,2019.

[11]庞飞.动作测评反馈在运动技能教学中的应用研究[D].南京:南京体育学院,2019.

[12]孙田琳子,沈书生.论人工智能的教育尺度——来自德雷福斯的现象学反思[J].中国电化教育,2019(11):60-65,90.

[13]蒋立兵.信息技术在中小学课堂教学中应用的有效性研究[D].武汉:华中师范大学,2016.

[14]吴传刚.我国现行中小学教师专业标准改进研究[D].哈尔滨:哈尔滨师范大学,2019.

[15]许亮.浅析数字化校园建设的意义[J].东方企业文化,2014(5):274.

[16]雷守学.人工智能背景下陕西省教育信息化发展思考[J].陕西教育(综合版),2019(3):15-17.

[17]李丽.青海电大数字化资源建设的研究[J].计算机产品与流通,2020(2):276.

[18]王惠如.厦门电信全球眼业务的实现及应用[D].北京:北京邮电大学,2009.

[19]房娜娜.生活美学观照下的幼儿园食育研究[D].桂林:广西师范大学,2017.

[20]温健建.ABC公司体感教育项目商业计划书[D].广州:华南理工大学,2018.

[21]李汉雄.体感交互技术在幼儿园的应用[J].时代教育,2017,24(7):9.

[22]王斯.中国人的味觉忧思——人类学视野下的《舌尖上的中国》[J].扬州大学烹饪学报,2012,29(3):30-33.

[23]蒋亚杰.基于Kinect的人体姿态识别和机器人控制[D].深圳:深圳大学,2017.

[24]娄志秋.如何全方位地做好保教工作[J].考试周刊,2012(43):196.

[25]黄鹏.消费主义对我国高等教育资源配置制度的影响[D].上海:华东理工大学,2012.

[26]刘连启.家校互动信息平台在小学英语学习中的应用研究[J].教育技术导刊,2007(10):26-27.

[27]周馨茹.乐山市中区幼儿园幼儿平衡能力培养现状及对策研究[D].成都:成都体育学院,2019.

[28]陈虹娟.家长在幼儿探究活动中的作用[J].素质教育论坛,2009(20):127-128.

[29]郑婧.家园有效合作策略刍探[J].成才之路,2018(26):66.

[30]汪金.幼儿园大班"幼儿流失"现状及原因研究[D].沈阳:沈阳师范大学,2019.

[31]党伟.中学音乐教学与语文学科整合初探[J].素质教育论坛,2012(18):80,82.

[32]杨烁.家校互动英语学习网络平台的建设与应用[J].北京教育学院学报(社会科学版),2012,26(增1):52-56.

[33]张媛.农村小学附属幼儿园"小学化"研究——基于贵州省Q村的田野调查[D].贵阳:贵州师范大学,2019.

[34]屈文华.浅谈关注幼儿个性化教育[J].读写算(教师版):素质教育论坛,2015(46):54.

[35]金晓玲.民国时期幼稚园识字教学及其论争研究[D].上海:华东师范大学,2019.

[36]张力平.虚拟现实技术推动教育巨变[J].电信快报,2017(2):46.

[37]毕嵘,张雁,任春红.新疆幼儿教育的现状与发展策略[J].学前教育研究,2007(4):35-38.

[38]夏菲.利津游戏材料及开发的研究[D].重庆:重庆师范大学,2019.

[39]王宇.留守儿童母亲教养方式、学业自我概念的研究[J].科教导刊,2013(7):209,227.

[40]陈艺婷.巧用微信群促进家园共育[J].新智慧,2019(31):118.

[41]陈青霞.例谈提高保育水平[J].家教世界(现代幼教),2017(2):6-7.

[42]张政,刘彦平.中小学校应用绿色照明系统探索[J].中国教育技术装备,2018(5):134-136.

[43]王梦蕊.基于视觉健康的广东地区中小学校教室顶部自然采光设计研究[D].广州:华南理工大学,2019.

[44]王丽.儿童青少年近视防控需全民总动员——访国际角膜塑形学会亚洲分会荣誉主席谢培英教授[J].中华医学信息导报,2019(11):15.

[45]宋洁琼.基于视觉舒适度及可靠性理论的LED驱动技术研究[D].上海:复旦大

学，2012.

[46]李青，王青.体感交互技术在教育中的应用现状述评[J].远程教育杂志，2015（1）：48-56.

[47]区文伟.区文伟文集：浅谈文化［M］.广州：花城出版社，2015.